织机洞遗址

织机洞遗址标本

织机洞遗址尖状器

老奶奶庙遗址

老奶奶庙遗址古人类生活遗迹

李家沟遗址发掘剖面

李家沟遗址出土石器

大河村遗址木骨整塑房基遗址

大河村遗址房基保护房

西山遗址全貌

西山遗址出土彩陶钵

西山遗址出土彩陶壶

古城寨城址大型宫殿建筑基址

王城岗遗址

稍柴遗址

花地嘴遗址

新砦遗址

新砦遗址出土尊型陶瓮

新砦遗址出土猪首器盖

青台遗址

南洼遗址

望京楼遗址

望京楼遗址出土铜钺

望京楼遗址出土陶簋

郑州商城遗址

郑州商城遗址出土原始瓷尊

郑州商城遗址出土杜岭一号方鼎

小双桥遗址商代车辙痕

郑韩故城东北角城墙

郑韩故城郑国车马坑3号坑

京城古城址

魏长城遗址

荥阳故城遗址

汉霸二王城遗址

巩县石窟帝后礼佛图

大运河通济渠郑州段

后周皇陵

郑州大遗址片区保护利用战略规划

郑州市文物局
北京大学考古文博学院　　编著
北京大学震旦古代文明研究中心

科学出版社
北　京

内 容 简 介

郑州地处中原腹地，是中华民族文明形成和发展的核心地区，也是全国为数不多的文物资源大市、文物分布密集型城市。无论是文物古迹的总量，还是全国重点文物保护单位的总量，郑州都位于全国城市前列，这其中，以大遗址最具特色。大遗址是中华民族悠久历史和灿烂文化的重要载体，是中华文明的见证，具有极高的历史价值、文化价值、艺术价值和科学价值。本书在整体考虑、综合分析郑州各类遗址价值的基础上，梳理、总结了郑州文化遗产资源及其特点，明确郑州大遗址片区的核心价值和体现价值特点的关键遗址，划定特色片区，制定郑州大遗址片区关键遗址的保护、管理、研究和发展的战略措施，并提出特色片区展示和传承利用的概念框架及工作思路。

本书可供考古学者、历史学者、科技考古的研究人员、高等院校相关专业的师生，以及考古、文物工作爱好者阅读、参考。

图书在版编目（CIP）数据

郑州大遗址片区保护利用战略规划 / 郑州市文物局，北京大学考古文博学院，北京大学震旦古代文明研究中心编著. —北京：科学出版社，2018.11

ISBN 978-7-03-059293-4

Ⅰ.①郑⋯ Ⅱ.①郑⋯②北⋯③北⋯ Ⅲ.①文化遗址–文物保护–研究–郑州 Ⅳ.①K878.04

中国版本图书馆CIP数据核字（2018）第249276号

责任编辑：张亚娜　梁广平 / 责任校对：邹慧卿
责任印制：肖　兴 / 封面设计：张　放

科学出版社 出版
北京东黄城根北街16号
邮政编码：100717
http://www.sciencep.com

北京画中画印刷有限公司　印刷
科学出版社发行　各地新华书店经销

*

2018年11月第 一 版　　开本：787×1092　1/16
2018年11月第一次印刷　印张：11　插页：32
字数：352千字

定价：280.00元
（如有印装质量问题，我社负责调换）

《郑州大遗址片区保护利用战略规划》
编委会

学术顾问：李伯谦

主　　编：任　伟　杭　侃

编　　委：范佳翎　常怀颖　张剑葳　彭明浩

　　　　　　赵献超　金连玉　王蔚炫　郭　磊

　　　　　　张　翼　张贺君　胡继忠　宋文佳

　　　　　　李　瑞　鲍君惠　王菁菁　王　羿

前　言

　　中华文明历史悠久，文化灿烂，广袤的大地上留下了灿若繁星的文化遗存。郑州、西安等地由于文物资源类型丰富、价值重大和相对集中，是华夏文明在起源和发展过程中不同阶段文化特色和历史价值的典型代表。为此，2011年，国家文物局出台的《国家文物博物馆事业发展"十二五"规划》中，将郑州、西安、洛阳、荆州、成都、曲阜作为重点支持的6个大遗址片区。

　　郑州地处中原核心地区，自新石器时代开始，一直是中国史前文化交流的十字要冲，大遗址资源丰富、价值突出。由于郑州地区的文物资源主要集中在华夏文明的起源阶段，时代久远，深埋地下，大多不为人知。随着20世纪50年代以来郑州考古的一系列重大发现，郑州地区的考古工作先后入选"中国20世纪100项重要考古发现"4项、"全国十大考古新发现"14项。郑州地区在华夏文明起源中的核心区地位日益为世人所认知、认可，郑州这座由考古发现的文明古都，文化形象日益立体、饱满。郑州地区这些珍贵的大遗址，凝聚着华夏文明早期阶段最重要的文化信息，保存了华夏民族最初的历史记忆，反映了中华民族独特的文化传统、价值和信仰，印证了郑州地区在华夏文明起源中的核心地位，为现代城市建设和综合竞争力提升提供着源源不断的深厚滋养。

　　为了加强顶层设计，统筹规划引领，科学开展郑州大遗址保护利用工作，将文物资源转化为城市文脉和城市名片，2012年，郑州市文物局在市委市政府的指导下，与北京大学考古文博学院、北京大学震旦古代文明研究中心合作，研究编制了《郑州市大遗址片区保护战略规划》。规划对郑州市域范围内的大遗址资源进行了全面梳理，对其特点进行了归纳总结，对其核心价值进行了精准提炼，并在此基础上谋划了后续的保护发展布局，使郑州大遗址片区建设的整体思路更加明晰，也为郑州打造"华夏历史文明传承创新区"及国家中心城市的建设提供了有力的文化支撑。

为使社会各界共享郑州大遗址保护战略规划的重要成果，北京大学考古文博学院和郑州市文物局对规划进行了认真修订，编印成书。需要特别指出的是，因规划编制和出版存在一定的时间差，部分数据已有所变化。书中除附录一文化遗产资源名单为截至出版前的最新名单外，其他数据均截至2013年。

编　者

目 录

第1章 总则 ·· (1)

    1.1 编制目的 ·································· (1)

    1.2 编制背景 ·································· (1)

    1.3 规划定位 ·································· (3)

    1.4 规划对象 ·································· (3)

    1.5 规划依据 ·································· (3)

    1.6 规划原则 ·································· (6)

    1.7 规划目标 ·································· (7)

    1.8 规划期限 ·································· (7)

第2章 资源分析 ·································· (8)

    2.1 资源构成 ·································· (8)

    2.2 资源特点 ·································· (8)

    2.3 核心价值 ·································· (10)

    2.4 片区对比 ·································· (12)

    2.5 关键遗址 ·································· (17)

第3章 现状评估 ·································· (32)

    3.1 环境评估 ·································· (32)

3.2	保护现状评估	(34)
3.3	管理现状评估	(36)
3.4	研究现状评估	(37)
3.5	利用现状评估	(41)

第4章 保护战略 (42)

4.1	战略综述	(42)
4.2	关键遗址的保护对策	(44)

第5章 研究战略 (51)

5.1	战略综述	(51)
5.2	关键遗址的研究对策	(58)

第6章 管理战略 (69)

6.1	加强机构建设，提高专业人员水平	(69)
6.2	遗址管理工作要重点突出，兼顾全局	(69)
6.3	建立完备的文物安全执法队伍与法规体系	(69)
6.4	建立国内首家示范性文物库房	(70)

第7章 展示利用战略 (72)

7.1	战略综述	(72)
7.2	重点项目	(74)

第8章 保障支撑体系 (91)

8.1	政策法规制定	(91)
8.2	领导组织体系构建	(91)
8.3	机构设置	(92)
8.4	人才队伍建设	(92)
8.5	经费支持	(92)

第9章 实施分期 (93)

9.1	近期实施重点	(93)

9.2 远期实施重点 ··· (93)

9.3 远景预期 ··· (94)

第10章 附则 ··· (95)

10.1 规划成果 ··· (95)

10.2 规划解释权 ·· (95)

10.3 执行时间 ··· (95)

附录 ··· (96)

附录一　郑州市文化遗产清单 ·· (96)

附录二　郑州市重要遗存分析表 ··· (112)

附录三　登封市重要遗存分析表 ··· (120)

附录四　巩义市重要遗存分析表 ··· (132)

附录五　新密市重要遗存分析表 ··· (140)

附录六　新郑市重要遗存分析表 ··· (148)

附录七　荥阳市重要遗存分析表 ··· (156)

附录八　中牟县重要遗存分析表 ··· (164)

图版目录

彩版一　郑州市地形图
彩版二　国家大遗址保护片区分布图
彩版三　关键遗址分布图
彩版四　管理利用现状图
彩版五　文化遗产利用现状图
彩版六　关键遗址的保护对策（价值一）
彩版七　关键遗址的保护对策（价值二）
彩版八　关键遗址的保护对策（价值三）
彩版九　关键遗址的保护对策（价值四）
彩版一〇　关键遗址的研究对策（价值一）
彩版一一　关键遗址的研究对策（价值二）
彩版一二　关键遗址的研究对策（价值三）
彩版一三　关键遗址的研究对策（价值四）
彩版一四　展示利用战略格局图
彩版一五　重点项目图（人类起源与环境变迁展示区）
彩版一六　重点项目图（文明起源形成与城市发展展示区）
彩版一七　重点项目图（中国古代王都展示区）
彩版一八　重点项目图（城市文明展示区）
彩版一九　重点项目图（华夏传统文化展示区）
彩版二〇　重点项目图（中国古代天文综合展示区）
彩版二一　郑州市世界文化遗产分布图
彩版二二　郑州市全国重点文物保护单位分布图
彩版二三　郑州市省级文物保护单位分布图
彩版二四　郑州市市级文物保护单位分布图

第1章 总　　则

1.1 编制目的

积极响应国家文化大发展、大繁荣的号召，抓住国家给予的打造"华夏历史文明传承创新区"和建设大遗址保护六大片区的历史机遇，用战略性眼光和创新性思维，努力探索郑州大遗址保护与利用的新思路，为实现郑州大遗址保护利用与社会经济协调发展、与人民生活素质提高、与生态环境优化的良性互动提供宏观指导，为把郑州市建设成为世界历史文化名城提供战略支撑，为构建世界华人共同的精神家园提供坚实的人文基础，为华夏文脉的传承担当义不容辞的历史责任。

1.2 编制背景

大遗址主要包括反映中国古代历史各个发展阶段的，涉及政治、经济、军事、文化、科技、宗教、农业、建筑、交通、水利等方面历史文化信息的，规模大、价值高、影响深远的大型聚落、城址、宫室、陵寝墓葬等遗址、遗址群及文化景观（《大遗址保护专项经费管理办法》）。大遗址是中华民族悠久历史和灿烂文化的重要载体，是中华文明的见证，具有极高的历史价值、文化价值、艺术价值和科学价值，是中国考古学研究和文化遗产保护工作的重中之重，保护、传承、利用好我国的大遗址资源是各级政府和全国各族人民的历史责任，如何保护、研究、展示、利用好这些具有极高价值的不可再生资源，以保护利用带动提高人民群众的文化素养，带动改善民众的生存环境，带动促进文物保护与地区经济的协调发展，真正做到"文化遗产人人保护、保护成果人人共享"，是国家、省、市各级政府和人民群众高度关注的问题。

为了更加有效地保护好大遗址，国家文物局在《国家文物博物馆事业发展"十二五"规划》中提出了大遗址保护的六大片区，形成以"六片、四线、一圈"（"六片"指西安片区、洛阳片区、荆州片区、成都片区、曲阜片区、郑州片区，"四线"指长城、大运河、丝绸之路、茶马古道，"一圈"指陆疆、海疆圈）为核心、150处大遗址为支撑、全面体现中华民族多元一体发展历程的大遗址保护新格局。郑州地处中原核心地区，大遗址资源丰富、价值突出，大遗址的保护工作任重而道远。

作为全国6处大遗址保护片区之一，郑州市有责任、有义务在大遗址的保护管理和利用传承等各方面走在全国前列。要真正成为世界文化名城，郑州也必须梳理清楚自己的历史文化资源，重视郑州大遗址在全国乃至世界范围的突出价值，从政策保障、资金投入、保护技术、人员配备、项目监管等各个方面加强对片区内大遗址的保护，积极探索如何将大遗址资源转化为城市文脉和城市"名片"，转化为社会大发展、文化大繁荣的动力。

郑州市委、市政府从战略层面十分重视郑州大遗址的保护工作，认识到郑州在中华文明起源和发展进程中的特殊地位，认识到郑州市从旧石器时代一直延续到各历史时期的各种物质文化遗产的重大意义，提出要依托丰富的历史文化资源，建设世界历史文化名城，让郑州走向世界，让中华文明走向世界。

2011年，国务院在《关于支持河南省加快建设中原经济区的指导意见》中，明确将打造"华夏历史文明传承创新区"作为中原经济区建设的五大战略目标之一，这是我国主体功能区划中唯一一个具有传承与创新文化使命和功能的经济新区。郑州市作为中原经济区的核心城市，有责任、有义务在打造"华夏历史文明传承创新区"的实践中想在前面、走在前列，起到引领作用。

国家、省、市的政策为郑州市大遗址保护工作提供了良好的契机。为加强郑州市各类遗址的保护管理和传承利用，有效推进郑州大遗址片区的保护、研究、管理和利用工作，为郑州市建设"世界历史文化名城"和在中原"华夏历史文明传承创新区"建设中起到引领作用提供决策保障，特编制本规划。

1.3 规划定位

本规划为郑州大遗址片区保护和利用工作的战略指导性文件，郑州市城市发展、都市区与城镇化建设规划应与本规划相协调，域内各相关遗址的保护规划、展示规划、遗址公园规划等应遵循本规划的原则和要求进行编制或完善。

1.4 规划对象

本规划在整体考虑、综合分析郑州市（含郑州市区及六市/县）7446.2平方千米范围内各类遗址价值的基础上，提炼出郑州片区大遗址的核心价值，及支撑这些核心价值的重点遗址，以这些重点遗址为主要规划对象，同时兼顾郑州市域内的其他遗址点，做到"突出重点，兼顾全面"。

1.5 规划依据

1.5.1 国家法律、法规与文件

《中华人民共和国文物保护法》（2007）
《中华人民共和国城乡规划法》（2007）
《中华人民共和国文物保护法实施条例》（2003）
《文物保护工程管理办法》（2003）
《国务院关于加强和改善文物工作的通知》（1997）
《关于加强文化遗产保护的通知》（2005）
《关于进一步做好文物保护"五纳入"的通知》（2004）
《关于支持河南省加快建设中原经济区的指导意见》（2011）

1.5.2 地方法规

《河南省实施〈中华人民共和国文物保护法〉办法》（2010）
《河南省历史文化名城保护条例》（2005）
《河南省古代大型遗址保护管理规定》（2009）
《郑州市嵩山历史建筑群保护管理条例》（2007）

《郑州商代遗址保护管理规定》（2000）

《郑州市大遗址保护管理条例》（编制中）

1.5.3　国内和国际宪章、公约与文件

《国际古迹保护与修复宪章》（1964）International Charter for the Conservation and Restoration of Monuments and Sites（the Venice Charter 1964）

《保护世界文化和自然遗产公约》（1972）Convention Concerning the Protection of the World Cultural and Natural Heritage

《关于在国家一级保护文化和自然遗产的建议》（1972）Recommendation Concerning the Protection, at National Level, of the Cultural and Natural Heritage

《考古遗产保护与管理宪章》（1990）Charter for the Protection and Management of the Archaeological Heritage

《奈良真实性问题文件》（1994）The Nara Document on Authenticity

《中国文物古迹保护准则》（2002）Principles for the Conservation of Heritage Sites in China

《国际文化旅游宪章》（1999）International Cultural Tourism Charter

《西安宣言——关于古建筑、古遗址和历史区域周边环境的保护》（2005）Xi'an Declaration on the Conservation of the Setting of Heritage Structures, Sites and Areas

《关于文化遗产地解释与展示的宪章》（2008）ICOMOS Charter on the Interpretation and Presentation of Cultural Heritage Sites

《大遗址保护西安共识》（2008）

《大遗址保护洛阳宣言》（2009）

《大遗址保护良渚共识》（2009）

《大遗址保护荆州宣言》（2011）

1.5.4　相关规划文件

1.5.4.1　城乡规划及其他相关规划

《郑州市城市总体规划（2010—2020）》

《郑州市土地利用总体规划（2006—2020）》

《郑东新区金融集聚核心功能区发展规划（2012—2020年）》

1.5.4.2 文物保护规划

《大河村遗址保护规划》
《康百万庄园保护规划》
《汉霸二王城保护规划》
《大周封祀坛保护规划》
《登封永泰寺塔（及寺院）保护规划》
《纪信墓及碑刻文物保护规划》
《初祖庵及少林寺塔林保护规划》
《嵩山观星台保护规划》
《嵩山会善寺保护规划》
《登封"天地之中"历史建筑群保护总体规划》
《嵩山启母阙保护规划》
《嵩山少室阙保护规划》
《嵩山嵩岳寺塔保护规划》
《嵩山塔林保护规划》
《嵩山太室阙保护规划》
《嵩山中岳庙保护规划》
《嵩阳书院保护规划》
《宋陵保护规划》
《新密古城寨保护规划》
《新密古城寨城址保护规划》
《郑韩故城遗址保护规划》
《郑州商代都城遗址保护规划》
《郑州市战马屯遗址保护规划》
《新郑凤台寺塔保护规划》
《大运河遗产河南郑州段保护规划》
《后周皇陵保护规划》
《苑陵故城保护规划》
《陈家沟遗址保护规划》

《圃田古城保护规划》
《郑州新区文物保护总体规划（2009—2020）》

1.5.4.3 遗址展示利用规划

《大河村考古遗址公园规划》
《荥阳汉霸二王城遗址公园方案设计》
《郑州商城遗址公园（南片区）详细规划》

1.6 规划原则

1.6.1 明确特点，紧扣价值

明确郑州大遗址片区的核心价值和各个遗址的特点，作为遗址保护、管理、研究和利用安排以及片区整体战略规划的依据。

1.6.2 分级保护，突出重点

根据郑州大遗址片区的核心价值，遴选支撑核心价值的关键遗址，在统筹兼顾片区内各遗址的前提下，将关键遗址作为保护管理工作的重点，并结合我国文物保护单位的分级制度，对片区内的遗址实施分级保护。

1.6.3 系统保护，避免割裂

突破传统上对一个遗址单独地开展保护、展示、利用的工作思路和方法，打破过去在工作中对遗址、遗迹、古建筑之间的人为割裂，创新发展模式，以核心价值为依据，关键遗址为主要依托，建设各具特色、各有内涵的文化遗产展示、体验区，形成集团效应，达到辐射带动区域发展的目标。

1.6.4 加强监督，有效管理

通过合理设置管理机构和人员、采用多种渠道落实资金、建立新型监督机制等保障措施，加强监督和管理。

1.6.5 区域统筹，永续利用

在有效管理的基础上，协调大遗址片区保护与区域社会发展之间的关系。将大遗址保护工作与城市发展总体规划和村镇发展规划相衔接，在区域发展规划框架下，实现大遗址保护与区域发展相协调，使大遗址保护成为区域发展的亮点和新增长点，成为促进社会发展的持续力量，带动区域内社会文化事业的全面发展。

1.7 规划目标

梳理、总结郑州市文化遗产资源及其特点，明确郑州大遗址片区的核心价值和体现郑州大遗址片区价值特点的关键遗址，围绕核心价值和关键遗址划定特色片区，制定郑州大遗址片区关键遗址的保护、管理、研究和发展的战略措施，提出特色片区展示和传承利用的概念框架及工作思路，整理出若干重点项目，为实现河南省建设"华夏历史文明传承创新区"提供支撑，为实现郑州市委市政府提出的建设世界文化名城，促进郑州市文化大繁荣、大发展的目标提供支撑。

1.8 规划期限

规划期限分为近期（2013—2020年）、远期（2021—2030年）和远景（2031—2050年）三部分。

第2章 资源分析

2.1 资源构成

郑州位居中华民族腹心重地——"天地之中",在中华文明发源、形成和发展过程中,留下了大量类型丰富、价值突出的历史文化遗存。经过第三次全国文物普查,郑州市登录在册的各类不可移动文物近万处,其中已经公布为全国重点文物保护单位的74处80项,在全国655座城市中位列三甲;公布为河南省文物保护单位的131处,公布为郑州市文物保护单位的246处。在国家文物局确立的"十二五"期间重点保护的150处大遗址中,郑州占了4处,是拥有大遗址数量最多的地区之一。因此,郑州大遗址片区被国家文物局确立为"十二五"期间重点支持的全国六大片区之一是名实相符的。

参见附录一郑州市文化遗产清单。

2.2 资源特点

郑州地处中原腹心,独特的地理区位和自然环境条件,使得人类发展和中华文明起源进程中的许多关键节点遗存集中在今郑州区域内,从而使郑州成为探索中国乃至东亚地区人类发展与文明进程的关键地区。

经过对郑州市各类遗址的整体分析可见,郑州大遗址片区文物资源有如下四个突出特点:

第一，数量众多，内涵丰富。郑州市历史文化遗存数量众多，资源丰富，类型全面。目前域内全国重点文物保护单位74处80项，省级文物保护单位131处，市级文物保护单位246处，在河南省居于首位，在全国大遗址片区中名列前茅。这些数量众多的遗址中，不仅包含早期人类生活遗存、都城和城市遗存，还有礼制、科技、教育、宗教和墓葬陵寝遗存，涵盖了历史文化遗存的绝大部分类型。

第二，时代关键，价值重要。郑州大遗址片区的重要大遗址主要集中于10万年前至公元1世纪之间，是印证中华民族发轫、发展和成熟过程的核心地区，为历史时期一统多元和统一多样的华夏文明奠定了关键基础。为研究东亚现代人起源及早期人类行为模式提供不可替代的重要材料的老奶奶庙遗址，显示我国旧石器时代到新石器时代过渡时期特征的新密李家沟遗址，把国内夯筑城址最早年代前提至距今5300～4800年的西山古城址等，都在华夏文明发展史中具有重要标志性意义。

第三，链条完整，传承有序。郑州地区古遗址从距今10万～1万年的织机洞、老奶奶庙、李家沟等旧石器时代遗址到距今8000～4000年的裴李岗、大河村、西山古城、新密古城寨等新石器时代遗址，从登封王城岗、新密新砦、郑州商城等夏商时期国家早期形态的都城遗址到郑韩故城、苑陵故城、荥阳故城、汉霸二王城等东周都城、城市遗址，直至汉唐宋元时期的汉三阙、中岳庙、嵩阳书院、北宋皇陵、观星台等遗存，集中涵盖了中华民族史从史前时期到进入国家阶段后各个历史时期的历史文化遗存，体现出其他地区不可比拟的根源性、延续性和完整性。

第四，初创典制，影响深远。郑州地区不仅文化资源类型多样、内涵丰富，而且拥有一批具有开创性和标志意义的典型遗存，包括已知中国最早的都城遗址——登封王城岗遗址，目前考古发现中国最早的聚落遗址——唐户遗址，中国最早的夯筑城址——西山古城，中国最早、规模最大的三彩、青花瓷窑厂——巩义黄冶窑，中国最早的天文建筑——观星台，东汉时期创立的慈云寺是佛教传入中国伊始建立的最早的寺院之一，十二边形的嵩岳寺塔，是中国现存最早的密檐式砖塔，也是全国古塔中的孤例。这些重要遗址开创、引领了中华民族进步的新时代，扩展、丰富了华夏文明进步的新内涵。

就大遗址而言，郑州市大遗址主要以聚落、城址、手工业遗址、古墓葬为主，地面遗存较少，发掘现场展示少，大部分遗址为土遗址，可视性、可观赏性比较差，这对于郑州大遗址片区的保护利用、对于公众的宣传认知而言带来一定困难。此外，大量的可移动文物资源研究不足，也一定程度上影响了对郑州大遗址片区的深入认识和宣传利用。

2.3 核心价值

通过对郑州大遗址片区资源构成和特点的分析，可以将其资源核心价值提炼为如下四点：

2.3.1 价值一：郑州地区是东亚现代人出现到农业起源的核心地区

现代人的起源与农业起源是世界性的前沿学术课题。目前学术界对现代人的起源有"非洲起源传播说"和"各地独立起源说"两种主流观点。郑州地区以荥阳织机洞、登封西施、新郑赵庄、二七区老奶奶庙、新密李家沟等为代表的400余处旧石器时代遗址，构成了自距今10万年至距今1万年左右的完整年代链条，这些遗址所发现的遗存，不但填补了我国旧石器时代晚期的诸多空白，为研究东亚现代人起源及早期人类行为模式提供了不可替代的重要材料，更推动了整个东亚地区现代人起源的研究。而以新密李家沟为代表的新旧石器时代交替时期，以及以新郑唐户遗址为代表的新石器时代早期关键遗存的发现，则揭示了现代人起源后如何逐步驯化野生作物、扩展农业生产，将狩猎采集经济的生存模式变更为农业定居的过程。这一生存方式的转换，是人类社会的一大进步。郑州地区的上述发现，清晰地勾勒出东亚地区现代人如何产生，并如何一步步确立了旱作农业的经济模式，从而逐步确立了整个东亚地区古代经济形态与定居方式的过程。整个东亚地区在这个时间段内，尚没有如郑州这样拥有遗址分布密集、年代链条完整的遗址片区。这一特点决定了郑州大遗址片区作为东亚地区现代人起源与农业起源研究的核心地区地位是无可替代的。

2.3.2 价值二：郑州地区是华夏文明起源与形成的核心地区

在中华文明起源研究中，中原地区文明的演进无疑是研究的核心。在中华文明探源工程预研究的九个重点项目中，郑州占据了五个，由此可见郑州在中华文明起源与形成过程中的重要地位。

当农业和手工业发展到一定程度后，社会分工进一步细化，社会的阶层分化也趋于复杂，为保护所属集团的利益与安全，环壕聚落、城垣开始出现。郑州西山发现了中国最早的夯土城址；北方地区最早的双重城址之一——登封王城岗遗址，新密新砦、巩义双槐树、花地嘴、稍柴等大型多重环壕遗址在中华文明探源工程中备受瞩目。在公元前3800年至公元前1800年左右，没有其他地区如郑州地区这样，密集拥有多座环壕聚落或夯土围垣。这些规模宏大、内部结构复杂的大型或超大型聚落的出现，体现了当时社会分化的剧烈与不同族群间的动荡冲突。这些聚落出现的同时，各聚落内部也出现了不同寻常的遗迹现象或专为贵族控制及为贵族生产的高等级手工业产品。比如，在新砦遗址发现的超大型半地穴公共建筑基址，在王城岗、牛砦、新砦遗址发现的铜容器残片，在花地嘴等遗址发现的大型仪仗用玉器，充分体现了当时社会贫富分化。种种迹象的集合，说明郑州地区是研究文明形成时期社会组织关系的关键地区之一。

2.3.3 价值三：郑州地区是中国统一王朝最早定都之地，是中国城市文明最早走向繁盛的核心地区

在进入国家阶段以后，郑州以郑州商城为代表的三代城址，体现出中国古代城址营建思想的发展脉络。郑州地区不但有同时期世界最大的王都，也有诸如管、虢、邻、郑、韩等多个诸侯国都城，还有多座军事城堡与采邑性城址。这些早期城址的城墙、城门、环壕等主体要素的设置以及与自然地形、水系的依托关系在中国城市格局的发展定型的历史上具有重要意义。

从王都角度而言，从公元前2300年起至公元1500年，以河南龙山文化晚期的社会发展和二里头文化的出现为标志，中原地区成为"多元一体"结构中的强大核心。强势崛起的中原地区，成为了中华文明起源的核心地区。而作为中原地区腹心地带的郑州嵩山地区，更是成为了各种文明最高成就的辐辏之地。在环嵩山地区，中国早期王朝的统一过程在此完成，也因之出现了中国统一王朝最早的一批都城。在这里，不但有可以作为华夏文明起源的代表之一的夏代早期都城登封王城岗遗址，也有商代最早的都城郑州商城遗址。郑州商城是同时期世界最大的王都，同时也拥有中国统一王朝都城与城市的完整布局与功能。

郑州商城宫城、内城、外郭城三重城垣的结构，以及宫室、池苑、道路与手工业作坊的布局，体现了当时都城的营建模式。同时，围绕大型城址出现的次级、三级聚落，环绕城址周围形成了复杂的聚落等级，提供了古代社会基层组织与高层组织的社会形态样本。从早商时期与郑州商城同时出现的村落性聚落梁湖遗址，到中商时期小双桥遗址周边的村落遗址，晚商时期村落性聚落黄帝庙遗址，再到两周时期出现的各层级聚落，反映了郑州地区社会结构的复杂与演进过程。

战国时期，城市的商业价值得到体现。以古荥冶铁遗址、新郑郑韩故城铸铜—冶铁遗址的出现，标志着为贵族所控制的高等级专有手工业生产开始转向官营的商业性手工业生产，郑州地区的城市手工业经济得到长足发展。

郑州地区发现的商代至汉代的城址数量多达二十余座，使其成为探讨城市起源与中国传统城市趋于成型过程的重要地区，而这些城址，也构成了郑州地区有别于其他地区的另一个核心价值。

2.3.4 价值四：郑州地区是华夏传统文化体系形成发展与多元文化汇聚交融的核心地区

历史上嵩山地区依托地处"天地之中"的区位优势，容纳四方文化，对传统文化的"中""和"思想的形成过程产生过深远影响。著名学者、高僧大德在此著书立说，儒释道思想融合交汇，深刻地影响了唐宋之后中国人的生活，也留下了许多与此相关的文物史迹供后人凭吊。

以汉代三阙、中岳庙、大周封祀坛遗址为代表的古代祭祀场所，反映了传统礼制文化的久远，体现了嵩山中岳地位的确立。观星台不仅是我国现存最早、最杰出的天文建筑，也反映了传统文化对农业生产、四时节令的重视。嵩阳书院位居我国四大书院之首，著名学者郑遨、种放、程颐、程颢、司马光都曾在此讲学，对宋代理学思想的形成和传播起到过重要作用。这一地区也最早接受佛教文化的浸染，年代久远、形制多样的古代建筑如法王寺、慈云寺、嵩岳寺、少林寺、会善寺、永泰寺塔等古寺名刹，构成了嵩山建筑群中重要的组成部分；同时，道教文化在郑州地区也影响深远，崇福宫、中岳庙、崇唐观、安阳宫、老君洞等，与书院、佛寺交相辉映。此时，还出现了同祀三圣的三教庙。在不大的区域内，儒释道三教相互影响又各自发展，共同影响着中国古人的精神世界。

嵩山地区有"天地之中"的地理区位优势，环境壮美、生态资源丰富，人文荟萃，由此不难激发出古人对世界的多元文化思考，使之成为古代中国多元文化融汇创新的核心地区。

2.4 片区对比

"十二五"期间形成了以"六片、四线、一圈"为核心、150处大遗址为支撑、全面体现中华民族多元一体发展历程的大遗址保护新格局。郑州大遗址片区与西安大遗址片区、洛阳大遗址片区、荆州大遗址片区、成都大遗址片区、曲阜大遗址片区共同构成了我国大遗址保护的基本格局，各个片区遗址各有特点，其核心价值也各有侧重。

2.4.1 西安片区保护工作特点

西安大遗址片区的遗存年代主要集中于新石器时代晚期与周、秦、汉、唐时期，遗存集中在今西安城内与周边长安、临潼等县区。重点遗址有新石器时代晚期半坡、姜寨等大型聚落遗址，古今叠压的西汉长安城、隋唐大兴—长安城，秦与西汉帝陵，秦汉至隋唐时期墓葬等。

西安市将文化遗产作为城市名片，对遗址保护与利用以及文化产业相关的各类举措，是六个大遗址片区中最突出的。西安将"十三朝古都"和秦汉帝陵作为主要城市形象宣传点，也作为该市旅游产业的核心进行保护与利用。西安大遗址片区的重点遗址及展示项目位置集中，交通便利（与西安市区距离皆在一小时车程以内）。由于明清时期城墙与城内外的钟鼓楼、大小雁塔等古建筑尚存，客观上有较强的可视性和旅游吸引力。

西安历史悠久，文物古迹的保护与研究工作开展得较早，文物部门的机构设置和人员配备也相对合理。从20世纪50年代开始，西安市文物部门就开始了大遗址的调查、勘探和发掘、研究工作。80年代后，西安市加大了大遗址的研究和保护力度。1994年以来，根据西安大遗址分布的特点和保护需要，西安市先后有重点地为秦始皇陵等四大遗址设立专门文物管理机构，并征用部分土地进行保护管理；在遗址区建立了群众巡查联保网络，联合公安机关遏制盗掘古墓葬、倒卖文物等违法犯罪活动，并逐步构建起群众保护体系。

西安市重视考古工作，在古迹的保护与利用前会进行十分详细的勘探与发掘清理工作，这有利于掌握西安市的地下文物埋藏情况。建于西安市区以北的陕西省文物考古研究院泾渭基地是全国第一家现代化省际考古工作整理、科研基地，同时是一处占地面积较大、具有较高行业水准的文物库房。

西安市重视古迹遗址保护的立法工作，先后制定并颁布了《秦始皇陵保护条例》等针对几处重要遗址的保护法规，为重要遗址的保护提供了法律依据。

西安市的文物保护工作十分注重与国内外著名科研院所及大专院校的合作，及时了解国际保护动态，学习国际保护领域的新理念和新技术，多个重大文物保护、遗址公园建设工作均与国际上具有影响力的科研院所进行了合作。

西安大遗址保护采取多方参与机制，积极引入社会资本，"曲江模式"成为备受关注与争议颇多的保护和利用实践，其相关经验和问题值得反思。

2.4.2 洛阳片区保护工作特点

洛阳大遗址片区的遗存年代主要属于新石器时代晚期、夏商周时期和汉魏至隋唐时期。遗存集中在今洛阳及周边孟津、偃师、新安等县区。重点遗址有新石器时代晚期的新安荒坡、孟津妯娌等遗址，夏代都城二里头遗址与早商时期陪都偃师商城，古今叠压的东周王城、汉河南县城、汉魏洛阳城、隋唐洛阳城及各代城址附属的夯土建筑基址、同时期墓葬、龙门石窟、白马寺、关林等地上建筑。从可观赏性角度看，以龙门石窟、白马寺为代表的地上文化遗产较有影响力和吸引力。

洛阳与郑州同在华夏历史文明传承创新区的核心区域。在华夏文明传承创新区中，郑州与洛阳是东西向的两个关键节点，是郑洛工业走廊、中原历史文化旅游区的东西核心。两者优势互补，各有特色。

从文化遗产本体角度看，洛阳与郑州有一定的重合性，但遗产年代和性质有所不同。郑州具有先秦城市群优势。此后秦汉以降，洛阳成为中原地区中心。从遗产的形式而言，洛阳较郑州更具有地上遗存的可观赏性，种类亦较为丰富。同时，洛阳将"九朝古都"作为城市名片，有效的宣传起到了良好的社会效果。

在大遗址保护工作方面，洛阳重视从整体上保护大遗址，不断加大保护工作力度，把对古迹遗址的保护纳入法律法规的范畴，先后颁布了多个地方性法规。

洛阳片区注重考古发掘和研究，中国社会科学院考古研究所、洛阳市文物考古研究所等多家科研机构在洛阳地区长期开展考古调查、发掘和研究工作，不断发掘洛阳片区的文化内涵和遗产价值。注重研究力量的扶持和培养，合并原洛阳市文物考古第一、第二工作队，整合考古勘探和研究力量，并通过统一规划、加强管理，提升洛阳市的考古科研能力和水平，为发掘洛阳片区大遗址价值打好基础。

洛阳片区注重大遗址的整体保护以及大遗址展示利用与城市环境整治、城市文化提升相结合。20世纪50年代的城市规划中洛阳就注意避让保护隋唐洛阳城等重要大遗址，"天子驾六"车马坑遗址、隋唐洛阳城遗址（特别是定鼎门遗址、天堂明堂遗址）等重要大遗址的展示工程、遗址公园的设计建设，都注意结合周边环境的综合整治，注意洛阳整体城市文化和形象的提升。

2.4.3 成都片区保护工作特点

成都大遗址片区的遗存集中在以下几个时期：新石器时代末期、商周至两汉时期、唐宋时期。该大遗址片区的遗存集中在成都市区及周边的郫县、都江堰、新都、新津、彭州等县区。遗存主要有新津宝墩、郫县芒城等龙山时代城址群，广汉三星堆遗址、成都金沙、十二桥、商业街船棺葬等商周时期区域中心遗址，都江堰水利工程，江南馆唐宋街坊遗址以及武侯祠、杜甫草堂、望丛祠等地上古建筑。

成都市重视文化遗产保护立法工作，先后颁布了近十部地方法规，对各类遗址进行针对性保护。

成都市十分重视考古工作的后续研究与文物保护工作，曾多次划出专门区域，并先后兴建了成都市文物研究院文保大楼、科研楼、温江整理基地、金沙文物保护基地与文物库房，并在编制等方面予以政策倾斜，引进文保人才，使之成为西南地区门类最为齐全、科技考古仪器设备最为丰富、文保与科技考古人才最为集中的文物单位。

在组织机构方面，成都市整合文物考古机构力量，将市博物馆、市皮影艺术馆等机构与市文物考古工作队整合为成都市文物考古研究院统一管理，有效整合了人力，打通了物质文化遗产和非物质文化遗产保护与利用的界限。同时，依托四川大学、四川师范大学与中科院等机构力量，通过基地共建等方式加强合作，有效弥补了自身不足。

成都片区的遗址保护以突出"巴蜀文化""三国文化"为核心内容，围绕三星堆——金沙古蜀文明、三国文化发展文化产业，大力推广、宣传城市名片中的遗产内涵价值，将之与旅游业、服务业相结合，对物质文化遗产进行非物质文化化的推广与商业开发、标识工作，这在六大遗址片区中是最为成功的。较为成功的案例如神话歌舞剧《金沙》、金沙太阳神鸟的标识推广、三星堆古蜀文化品牌推广、锦里仿古商业街的运营。

2.4.4 荆州片区保护工作特点

荆州大遗址片区的遗存集中在新石器时代与东周至秦、西汉时期。遗存分布在荆州市区周边及公安、江陵、沙市等县区。重点遗址有新石器时代的枝江关庙山、公安鸡叫城古城址，东周时期楚郢都纪南城及其周边墓地如江陵雨台山、熊家冢楚王陵等。荆州片区的遗址保护以突出楚文化为核心内容，以"楚文化""楚国都城"为宣传重点，以博物馆展示为主要形式。荆州片区的室外展示围绕楚故都纪南城国家考古遗址公园、熊家冢遗址博物馆等展开。

与西安、洛阳、成都大遗址保护片区有所不同，荆州地区的大遗址主要位于城市范围之外，它的大遗址保护工作为城乡结合部、农村地区的大遗址保护和展示利用工作提供了有益的经验。

虽然地处湖北西部，且经济较以武汉为中心的江汉平原腹心地带略逊，但是荆州十分注重地上文物的保护与利用。首先，荆州古城墙的保存，在客观上提升了当地文化遗产的软实力与可观赏性。其次，荆州博物馆多年来一直是地级市博物馆中硬件条件较好的代表性博物馆，同时又是鄂西文物考古工作的核心单位，其组织能力与馆员业务能力较强。

荆州市对于大遗址片区的保护在政策上予以倾斜，在遗址片区的保护范围控制用地方面投入较大，对基础建设与文化遗产保护这一对矛盾体的协调工作出力较好。

荆州市可移动文物中有较多有机质遗存，由于荆州特殊的自然条件，保存情况较好。所以荆州市的文物保护工作因地制宜，大力发展有机质尤其是漆木器现场提取、保护与后续保存技术。通过数十年的科技研发与经验积累，荆州博物馆与荆州市文物保护中心已成为国内首屈一指的有机质文物保护机构。

2.4.5 曲阜片区保护工作特点

曲阜大遗址片区以孔孟故里曲阜和邹城为核心区域，扩展至相邻区域，总面积约2500平方千米，拥有世界文化遗产2处。片区内遗存集中在新石器时代、两周时期和明清时期。重要遗存有：兖州西吴寺、六里井等新石器时代遗址；泗水尹家城龙山至夏代遗址；曲阜两周鲁国故城遗址；世界遗产曲阜"三孔"等。曲阜片区的遗址保护核心是"三孔"和鲁古城遗址，孔孟儒家文化是该片区最突出、最具代表性的文化资源。

曲阜片区注重注重多元融资，多渠道筹集保护资金，在各个片区中表现突出。在中央和地方财政支持之外，通过与世界银行、国家开发银行合作，取得较大金额的贷款，有力推进了遗址保护。"孔孟文化遗产地保护利用世行贷款项目"总投资8.73亿元人民币，其中利用世界银行贷款5000万美元。山东省文物局、济宁市政府、国家开发银行山东分行签署了《国家大遗址曲阜片区文化遗产保护利用金融合作协议》，鲁国故城国家考古遗址公园、曲阜明故城复兴工程等28个项目入选首批合作共建项目库，项目总投资260亿元，融资总量174亿元。

该片区特别注重让文物在保护与利用中"活起来"，强调以"三孔"为龙头，协调文物保护和旅游发展的关系，注重在充分发掘文化遗产价值的基础上，提升、丰富旅游产品和服务，注重文化创意产业发展，将遗址参观、文化体验和紧密、有机结合，形成"曲阜旅游体验新创意"、"三孔景区文化营销新模式"。

2.4.6 小结

综合以上分析，六大片区各有其价值特点。其中，成都、荆州、曲阜片区工作重点是该区域和某一历史文化及相关遗产的保护和利用；西安、洛阳历史悠久，许多遗址古今叠压，针对这种情况，两个片区在保护管理和利用方面各有所长。郑州片区具有自己鲜明的个性特点，特别在东亚现代人的起源与发展、中华文明的奠定与形成、中国城市文明形成与发展、中国早期国家形态初创过程中具有不可替代的地位，这也是其他片区不可比拟的。同时，郑州片区的提出和确立相对稍晚，文化遗产的保护和利用工作起步晚、任务重，又处于经济快速发展阶段，遗产保护面临压力较大，在发展状态上与其他片区存在一定差距。因此，郑州片区应立足特色，正视差距，稳中求进，稳中求新，认真学习其他片区的成功经验和有益做法，积极探索符合本片区大遗址资源特点并有利于大遗址片区整体保护与社会发展相协调的新思路、新方法。

2.5 关键遗址

根据郑州大遗址片区核心价值的特点，选取价值突出的全国重点文物保护单位、省级重点文物保护单位及部分重要新发现，综合评估其价值、研究情况、保护情况等，遴选能够体现郑州大遗址片区核心价值的关键遗址。

通过整体梳理郑州大遗址片区的重要遗址资源（参见附录三至附录八），确定能够支撑郑州大遗址片区突出价值的关键遗址。

2.5.1 体现东亚现代人起源与农业起源价值（价值一）的关键遗址（5处）

2.5.1.1 织机洞遗址

该遗址为洞穴遗址，位于荥阳市崔庙镇王宗店村北，洞口高近20米，进深

20余米，上部为全新世中后期的新石器时代遗存，中、下层为中更新世前的旧石器时代遗存。该遗址是我国尤其是河南地区的第四纪洞穴沉积与人类活动的重要发现，也是追溯中原古文化渊源和恢复中原古环境及探讨其与人类关系的重要研究对象，具有很高的学术价值。遗址先后经两个阶段的发掘，第一个阶段由郑州市文物考古研究院（原郑州市文物考古工作队）在20世纪90年代进行的发掘；第二个阶段是由北京大学中国考古学研究中心、考古文博学院与郑州市文物考古研究院在2001—2004年的联合发掘，已出版考古发掘报告一部。织机洞遗址的发现，改变了中原地区长期缺乏古人类遗存的局面，是河南旧石器时代考古的一大发现。

2.5.1.2 西施遗址

该遗址是距今25000年的史前人类生产石叶的加工厂遗址，位于登封市大冶镇西施村东南，南北长50米，东西宽30米，面积约1500平方米，于2010年发掘。该遗址地层清楚、文化遗物典型丰富，史前人类生产石叶各环节的遗存均有发现，完整保留了旧石器时代人们在此处理燧石原料、预制石核、剥片直至废弃等打制石叶的生产线或称操作链，是我国及东亚大陆腹地首次发现的典型的旧石器时代晚期石叶工业遗存。该遗址以其丰富的文化内涵及清楚的年代学与古环境材料，为了解古人类在最后冰期最盛期来临之际的行为与活动特点提供了非常重要的信息，进一步扩展了人们对于中国腹地及东亚地区旧石器时代晚期人类发展的认识。

2.5.1.3 老奶奶庙遗址

该遗址是旧石器中、晚期过渡阶段的典型遗址，位于二七区侯寨乡樱桃沟景区内，南北长100米，东西宽80米，面积约8000平方米，2011年由北京大学考古文博学院与郑州市文物考古研究院联合发掘，发现3000多件石制品、12000多件动物骨骼及碎片、20余处用火遗迹，以及多层叠压、连续分布的古人类居住面。这处考古发现非常清楚地展示了当时人类在中心营地连续居住的活动细节，将近年来在嵩山东南麓发现的300多处旧石器遗址完整地连接起来，不仅系统地再现了郑州地区晚更新世人类的栖居形态，同时也发掘出土了一系列与现代人行为密切相关的文化遗存，为探讨我国及东亚地区现代人类出现与发展等史前考古学核心课题提供了非常重要的证据。

2.5.1.4 赵庄遗址

该遗址是旧石器晚期的典型遗址，位于新郑市梨河镇赵庄村西北，平面呈方形，南北长约100米，东西宽约100米，面积约10000平方米。2005年开始调查，2009年10—12月发掘。该遗址最重要的发现是置放象头的石堆与石器加工厂。两者位于同一活动面，是同一时期活动遗存。活动面由南向北分布着古棱齿象头骨、大块的紫红色石英砂岩块和碎小的乳白色石英制品。象头骨呈竖立状，臼齿嚼面朝南，由于长期的挤压作用已明显变形，但仍保存完整。大多数石英砂岩块位于象头骨的下部和周围，互相叠压，形成堆状。调查发现，这些紫红色石英砂岩采自距遗址5千米以外的陉山基岩原生岩层。其搬运至此的主要功能并非加工工具，而是围成石头基座，在上面摆置象头。多个用火遗迹所组成的复杂居住面的中心营地出现，偏好收集并带入居址内大量狩猎对象的下颌骨，以及远距离搬运紫红色石英砂岩堆砌石堆，并摆放古棱齿象头等明显具有象征意义的非功利性行为的存在等，均是史前学界判断现代人行为的典型标志。这些行为特征是迄今为止首次在中原地区以及东亚大陆距今5万～3万年的旧石器遗址中被发现。

2.5.1.5 李家沟遗址

该遗址是旧石器晚至新石器早期的典型遗址，是黄河流域目前已知最为重要最为典型的旧、新石器时代过渡阶段的遗存。遗址位于新密市岳村镇李家沟村西，东西长40米，南北宽50米，总面积约2000平方米，2009—2010年由北京大学考古文博学院与郑州市文物考古研究院联合进行了发掘，发现了距今10500～8600年连续的史前文化堆积。堆积下部出土有细石核与细石叶等典型的细石器遗存，上部则出土含绳纹及刻划纹等装饰的粗夹砂陶及石磨盘等，其早晚不同时期堆积的埋藏特点与文化内涵以及共生的脊椎动物骨骼遗存等，均表现出明显的阶段性特点：早期尚属旧石器时代末期的典型细石器文化，晚期则已经具备新石器时代的文化特征。这一新发现清楚地展示了中原地区从旧石器时代之末向新石器时代发展的历史进程，为认识该地区及中国旧、新石器时代过渡等学术课题提供了十分重要的考古学证据。该遗址旧石器时代晚期地层出土的石器具有华北旧石器晚期技术和类型组合的典型特征，但同时出土较多不便携带的大型石器和就地取材的大石块，又意味着居民生活的流动性降低，开始出现新的生计内容。遗址上的新石器早期遗存是环嵩山地区考古学的全新发现，陶器特征很难同任何已知资料进行对比联系，石器群中仍保留着部分细石器，但和旧石器晚期相比，制作技术以及整个石器群构成都发生了变化，综合对动物遗存等资料的初步分析，也表明当时人们的生计活动内容有了明显变化。比较两个时期遗存内涵，一方面可以看出人们的取食活动、定居程度等方面的变化发展；另一方面，制作技术的变化，尤其是制陶业突然出现在当地，又意味着两期文化之间未必是单线传承，从而提出许多需要进一步探讨的重要问题。遗址发掘区不远处还有一处裴李岗文化遗址，地层分析显示，应叠压在李家沟新石器早期地层之上。这为日后田野考古寻找过渡期遗址提供了重要参考线索。

2.5.2 体现华夏文明起源与形成价值（价值二）的关键遗址（9处）

2.5.2.1 唐户遗址

该遗址是中原地区新石器时代早期至秦汉时期的遗址。遗址核心堆积包含了新石器时代的裴李岗文化时期、仰韶文化时期与龙山文化时期，以及夏商周时期的二里头文化与西周时期的遗存。遗址位于新郑市观音寺镇唐户村周围，面积有140余万平米，其中裴李岗文化时期遗存面积达30万平方米。遗址经多次勘探发掘。20世纪70年代共发掘墓葬39座和一个车马坑，为研究两周时期中原腹地的分封、政治格局的重要学术问题提供了不可多得的材料。为配合南水北调工程，2008年由郑州市文物考古研究所进行了大规模发掘。发掘出土了60余座新石器时代中期裴李岗文化的房址，而此前发现的裴李岗时期的房址总数只有几座。它是目前发现的裴李岗文化时期房址最多的一处遗址。此外，聚落内还发现了国内最早的新石器时代排水系统等。裴李岗文化时期聚落的布局为研究当时的聚落形态和社会组织结构提供了新材料。该遗址除裴李岗文化时期遗存外还有仰韶文化、龙山文化及两周时期遗存。遗址南端属龙山文化时期，内含遗物丰富。西周时期文化层叠压在仰韶文化层之上。西周墓葬均打破仰韶文化层。

2.5.2.2 大河村遗址

该遗址是一处包含有仰韶文化、龙山文化和夏商文化的大型古代聚落遗址，距今6800~3500年。遗址位于郑州市东北郊大河村西南1千米，面积40万平方米。遗址历经多次发掘，已出版考古发掘专刊报告一部。目前可知遗址中部是仰韶先民的居住区,房基相叠、窖穴密集;两处仰韶文化晚期的氏族公共墓地分别位于遗址的东北部和西部。龙山文化遗存主要分布在遗址的四周边沿地带,夏商时期的遗存主要集中在遗址的西南部。其中,仰韶文化遗存最为丰富,遗址中出土的F1-4是目前我国出土同时期房屋中保存最好的一处。大河村遗址面积之大、遗物之丰富、延续时间之长、包含文化内容之广泛,在中原地区其他古代遗址中很少见的。大河村遗址为研究原始氏族社会到奴隶社会漫长的历史过程提供了重要的实物资料和确凿的地层证据,也为探讨中原地区仰韶文化的发展序列和分期划段及类型研究提供了一个尺度,为研究中原地区和黄河下游、江汉流域同期诸原始文化的关系提供了依据。

2.5.2.3 西山遗址

该遗址时代跨越了仰韶时代早、中、晚三个时期,是豫中地区为数不多的经大规模科学考古发掘的新石器时代遗址之一。遗址位于郑州市惠济区古荥镇枯河北岸的二级台地上,现存总面积约17万平方米。从20世纪90年代至21世纪初的多次发掘,为研究仰韶时代豫中地区考古学文化面貌特征、文化性质、聚落形态、社会组织、丧葬习俗、生态环境、与周边文化关系等诸多问题提供了详尽的实物资料。西山城址的建筑与使用时期为距今约5300~4800年,是中原地区发现年代最早、建筑技术最为先进的夯筑城址,对于研究中国古代建筑发展史具有里程碑意义。西山城址的发现不仅对于探讨中国早期城市的起源,而且对于研究华夏早期文明的起源和形成及中原地区在其中所起的历史作用,都具有非常重要的意义。

2.5.2.4 古城寨遗址

古城寨遗址是一处拥有仰韶文化时期、龙山文化时期、二里头文化时期、二里冈文化时期、殷商时期、汉代及北宋时期遗存的多时代重叠性遗址,遗址以龙山文化时期遗存为主体,文化遗存比较丰富。遗址位于新密市曲梁乡大樊庄古城寨村溱水东岸的河旁台地上,面积超过50万平方米,其中龙山时期城址面积17万平方米。该遗址经多次系统调查,并经过科学发掘一次,有发掘简报一篇,研究论文多篇。龙山文化时期的城址,现存东、南、北三面城墙和南北相对两座城门缺口,其大房面积近100平方米,为廊庑式建筑,另有个别时代灰坑、陶窑等遗存。古城寨龙山文化时期城址修建地原为低洼地带,筑城时为扩大面积不惜调用大批人力物力,垫土夯墙基,最深处达10米,墙基宽度多在

60～100米，再加上地面之上的高大城墙，其工程之大，在中国早期筑城史上极为罕见。城址内的大型宫殿基址和大型廊庑式建筑与城墙的方向一致。已经发掘的一座基址，南北为长方形，长28.4米、宽13米，面阔7间，南、北、东三面有回廊，是目前发现的龙山文化时期面积最大、结构最复杂的宫殿式建筑。古城寨城址的发现为探索夏文化提供了新的线索，也为研究中国文明起源与国家形成增添了重要资料。

2.5.2.5 王城岗遗址

该遗址是一处以龙山文化王湾类型中晚期为主、兼有新石器时代早期裴李岗文化和相当于夏代中晚期的二里头文化与商周文化的遗址。该遗址位于登封市告成镇八方村东北，总面积约35万平方米。遗址在20世纪70年代与21世纪初经两次大规模发掘，已出版考古发掘报告两部，研究报告一部。遗址有龙山文化时期大城一座、小城两座，城址内还残留着与城墙同期的夯土建筑和其他遗存，如"奠基坑"和窖穴等。已发掘的几个"奠基坑"内共出土7具完整的骨架。这些死者或与"奠基"礼仪有关，反映出中原文明起源阶段社会阶层的分化。城内还发现有早期青铜器遗物。夏商周断代工程与中华文明探源工程期间，新发现的一座面积约在34万平方米大型城址，是迄今河南境内发现的最大面积的龙山文化城址，同时发现祭祀坑、玉石琮和白陶器等重要遗存和遗物。它的地望与文献记载中的"禹居阳城"相符，对于研究中国早期夏文化具有极为重要的意义。

2.5.2.6 稍柴遗址

该遗址自河南龙山文化到二里头文化时期序列完整，遗址使用未曾中断。遗址位于巩义市芝田镇稍柴村周围及小訾殿村附近，总面积约200万平方米，经前后两次发掘，发表简报两篇，研究论文多篇。该遗址面积大于新砦遗址，地理位置又处在偃师二里头与郑州商城、大师姑城址之间，是洛阳盆地向东的咽喉要冲，在龙山文化时代向二里头文化时期演进的过程中，有极为重要的地缘重要性。最新的钻探结果发现该遗址有双重环壕，这一新发现更加彰显出该遗址在中原文明起源阶段重要的地位与意义。

2.5.2.7 花地嘴遗址（含溽沱岭遗址）

该遗址是一处由四条环壕围成的夏代早期城址，遗址以"新砦阶段"的遗存为主，兼有河南龙山文化晚期和二里头文化时期的遗存。遗址位于巩义市站街镇北瑶湾村南侧较为平坦的台地上，总面积约35万平方米。内部分布有夯土、房址、窑址、祭祀坑、窖穴及墓葬等重要遗迹。祭祀坑和祭物埋藏坑主要位于遗址西北部。滹沱岭与花地嘴遗址一沟之隔，年代属龙山文化时期。花地嘴遗址发现的环壕、门及祭祀坑，进一步丰富了早于二里头文化时期的夏文化的内涵，是嵩山以北地区发现的第一个"新砦阶段"遗存。为国家起源研究增添了重要材料。

2.5.2.8 新砦遗址

该遗址是一座拥有内外三重城壕和大型建筑的夏代早期大型城址，主体遗存为河南龙山文化晚期、新砦阶段和二里头文化早期遗存。遗址位于新密市刘寨镇新砦村，面积约100万平方米，中心区建有大型建筑的城址。遗址经过系统发掘，有发掘简报5篇，专题报告一部，研究论文多篇。城址平面基本为方形，南以洧水河为自然屏障，现存东、北、西三面城墙及护城河。考古发掘证明，该城址建于河南龙山文化晚期，到新砦阶段重建，废弃于二里头文化一期。遗址性质虽有争议，但作为当时政治、经济中心城址应无疑义。城址内部不仅发现宗庙性质的大型建筑，还发现有加工骨器的手工作坊区，出土的遗物不仅数量众多，做工精美，而且规格很高，反映出新砦城的都邑性质。经^{14}C测定，新砦遗址的年代范围为公元前2000年至公元前1800年，无论将夏王朝始年定在公元前2070年还是公元前2000年左右，从年代学的角度分析，都不能排除新砦城始建于夏代早期的可能性。新砦遗址的发现对于重新认识夏文化早期的聚落形态、确定夏文化的上限、探索夏文明的诞生等一系列重大学术问题均具有重要的学术意义。

2.5.2.9 青台遗址

该遗址是郑州地区新石器时代晚期延续时间较长的典型遗址，自仰韶文化中期遗址延续到晚期。遗址位于荥阳市广武镇青台村东，南临旃然河（今名枯河），遗址主体时代为仰韶文化中晚期。遗址面积近10万平方米，文化层厚约3.5米。1922年发现，1981—1988年多次发掘，揭露面积2700平方米。历次发掘发现的文化遗存可分为三期，有房基、窖穴、陶窑、墓葬等，出土有陶、石、骨、蚌、玉、角器等一大批相当珍贵的文化遗物。经测定，一期遗存约相当于或稍早于庙底沟早期，二期遗存约与秦王寨类型早期相近，三期遗存则与秦王寨类型晚期相同。它是仰韶文化庙底沟类型中带有郑州地区特点的文化遗存。

2.5.3 体现城市文明演进价值（价值三）的关键遗址（13处）

2.5.3.1 望京楼遗址

该遗址有相当于夏代晚期的二里头文化时期与商代早期的二里冈文化时期两座城址，位于新郑市新村镇望京楼水库东南，面积约168万平方米。该遗址发现于20世纪60年代，当地群众平整土地时出土过青铜器和玉器，铜器有罍、爵、斝、觚、钺、锛等，其中青铜钺是我国目前出土的夏商时期最大的一件；玉器有戈、璋，其中一件铜援玉戈制作工艺精美绝伦。如此高规格的出土遗物表明望京楼遗址绝非一般的聚落遗址。2011年，郑州市文物考古研究所对该遗址进行了系统的考古发掘，发表考古简报一篇，研究论文多篇。该城址的发现，是中原地区继郑州商城、偃师二里头、偃师商城和荥阳大师姑等之后，在夏商大型城址方面的又一重大发现，对研究中原地区早期城市群的发展演变和国家起源意义重大。望京楼商城东城门设施突出体现了浓厚的军事防御色彩，有我国较早、型制较为完备的瓮城。望京楼夏代城址和商代城址位于同一地点，对于探讨夏商历史、夏代晚期文化与商代早期文化更替及中国早期城池建设等问题都具有非常重要的意义。

2.5.3.2 大师姑遗址

该遗址是一处相当于夏代晚期的二里头文化时期城址，位于荥阳市广武镇大师姑村和杨寨村南地，面积约51万平方米。遗址在21世纪初曾进行较大规模的发掘，已出版考古专刊报告一部，论文多篇。大师姑二里头文化城址是我国迄今为止发现的唯一一座单纯的二里头文化城址，它有可能是夏王朝的东方军事重镇或者是方国的都邑。它为进一步研究我国夏代的城市发展、社会结构乃至中国古代文明的起源提供了珍贵的资料，对探讨夏代晚期夏商文化关系、夏商交替年代等一列我国夏商考古研究中的重大学术问题具有十分重要的学术价值。城址内早商文化遗存也很丰富，尤其是发现有早商时期的大型环壕，说明这里在早商时期仍是一处重要的聚落遗址。在城址的东北角还发现有早商文化的墓地。

2.5.3.3 南洼遗址

该遗址是以二里头文化时期为主，兼有商代、两周时期文化遗存的聚落遗存。遗址位于登封市君召乡南洼村东，面积约30万平方米。遗址内发现有二里头时期的灰沟、水井、灰坑和墓葬，出土有陶器、石器、蚌器、骨器、贝器、绿松石等。最引人瞩目的是，该遗址发现有数量超过二里头遗址的白陶，说明该遗址的等级绝非一般的二里头文化居住址。该遗址是目前可能能解决夏与早商白陶生产问题的关键遗址。另外，该遗址在调查时，断崖上即发现有成排分布的二里头文化墓葬，这是偃师二里头遗址未有发现的现象，极具学术价值。

2.5.3.4 郑州商城遗址

郑州商城是早商时期的商王朝都城，也是同时期全世界最大的城址。遗址核心区位于郑州市管城回族区，面积约25平方千米。该遗址历经多次发掘，有简报多篇，专题报告三部，研究论文数百篇。在商城周围发现有与商城同时的铸铜、制陶、制骨等作坊遗址4处、铜器窖藏2处及100多座中、小型墓葬，发现了早商时期的三重城垣遗址、宫殿区遗址、居住聚落遗址、墓葬区、手工作坊遗址、窖藏坑等遗迹，出土了大量石器、陶器、铜器、玉器、骨器等生产工具和生活用具。出土的遗物以陶器最多，青铜器、石器、骨器次之，并有蚌器、玉器、原始瓷器、印纹硬陶、白陶器、象牙器等。杜岭铜器窖藏中出土的大方鼎，是目前已知的早商时期最大的铜器。

2.5.3.5 小双桥遗址

该遗址是商代早中期都邑性遗址，位于郑州市石佛乡小双桥村，面积约600万平方米。遗址历经多次发掘，已经发表有简报一篇，论文数十篇。发现有夯土墙、大型高台夯土建筑基址、宫殿建筑基址、小型房基、大型祭祀场、祭祀坑、奠基坑、灰沟和与冶铜有关的遗存等，以及大批质料各异、种类繁多的文化遗物。出土遗物除陶器外，还有青铜器、玉石器、原始瓷器、骨角牙蚌器、海贝、金箔、卜骨等，还发现有大量的孔雀石和铜渣。遗址发现的朱书文字引人注目，这些朱书文字主要发现于小型陶缸表面，也有位于大型陶缸口沿、腹壁者，系用朱砂书写，其形状、结构与甲骨文一脉相承，是迄今发现的商代最早的书写文字。小双桥遗址分布面积大，堆积时间较短，但文化内涵丰富而重要，具有都邑遗址的规模和性质；遗址地处黄河南岸古敖地范围内，其文化年代属白家庄期，接郑州商城而繁荣，但历时较短，合于"仲丁迁隞"的历史记载。遗址中大量含岳石文化因素长方形穿孔石器的出现，或可以和"仲丁征蓝夷"的历史相对应。所以小双桥遗址是目前所发现的处于郑州商城和安阳洹北商城之间的唯一一个白家庄期具有都邑规模和性质的遗址，它的发现为研究商都地望等夏商文化探索中的许多重大学术课题提供了重要的线索，是夏商周考古学上的一个重大发现。

2.5.3.6 郑韩故城与韩王陵

郑韩故城是东周时期郑国与韩国的都城。郑韩两国先后在此建都达539年之久。城址位于新郑市区及双洎河（古洧水）与黄水河（古溱水）交汇处；韩王陵位于郑韩故城西许岗村、王行庄村等地。郑韩故城与韩王陵自民国时期至今经多次发掘，已出版专项发掘报告四部，考古简报数十篇，研究论文百余篇。郑韩故城内文物遗迹星罗棋布，目前发现城门遗址4处，在城内南北走向有一隔城墙，把故城分为东西两城。西城内分布有韩国宫城和宫殿区、作坊遗址。东城内分布有郑国宫庙遗址、祭祀遗址、铸铜遗址和韩国铸铁、制骨、制玉、制陶等多处遗址。故城内外有郑韩两国贵族墓地多处，其中大型韩王陵墓群12处。墓葬分布较为广泛，郑国贵族墓地集中在城内南部，韩国贵族墓地多分布在城外，庶民墓区分布在故城四周。该遗址出土了一大批春秋中晚期青铜器，代表性器物有莲鹤方壶等。遗址群内发现的李家楼郑公大墓、中行祭祀遗址、铸铜冶铁遗址及城外胡村韩王陵等都是全国首屈一指的遗存，对研究春秋战国时期的历史、经济及其陵寝制度有着十分重要的意义。

2.5.3.7 阳城遗址

阳城遗址地理位置十分险要，是战国时期著名的军事重镇，也是当时著名的冶铁之地。遗址位于登封市告成镇东北，面积约140万平方米。遗址历经多次考古发掘，已出版专题考古发掘报告一部，论文多篇。遗址城墙内有春秋战国时期陶片。城内中部偏北有一处大型建筑遗址，基面上残留成片的铺地砖，其上堆积大量砖瓦和陶器残片，发现有贮水池、节水闸和排水管道等，反映了当时城市建设中给排水设施的先进水平。城内还出土有残铁器、铜镞和陶鬲、釜、盆、盂、碗、豆、罐等。在一些陶器上还印有"阳城仓器""阳城"等戳记和其他陶文符号。由此证明，这座城址是春秋战国时期的阳城。铸铁遗址在阳城南墙外，是战国时期的铸铁作坊。在遗址上发现不少战国时期的铸铁遗存。该城址研究基础较好，是进一步研究东周军事、手工业生产和地方经济的重点遗址。

2.5.3.8 京城古城址

京城古城址是东周时期的区域性中心性城址，最早有据可查的资料记载是《左传·隐公元年》：公元前743年，郑庄公母后武姜氏为叔段"请京，使居之，谓之京城大叔"。由此说明，春秋时期京城就已存在。遗址位于荥阳市豫龙镇京襄城村，地理位置非常重要，是古代的兵家必争之地，同时也是春秋战国时期郑国、韩国的名城。遗址现存面积约251万平方米。该城经多次考古调查，未作发掘。该城历代文献多有记载，使用时间很长，线索清晰，是可以期待考古工作有重要收获的遗址。

2.5.3.9 白寨遗址

该遗址含仰韶文化、二里头文化、商代及东周时期遗址，遗存主体时代为东周时期。遗址位于中原区须水镇白寨村南部。遗址分东西两区，东区面积28万平方米，西区面积17.5万平方米。有较大的殉马坑和祭祀坑。殉马坑的发现说明该遗址应当拥有与大型殉马坑相匹配的高等级贵族墓葬或城址。该遗址对于研究郑州地区小型聚落在文明进程中的地位具有重要的意义。

2.5.3.10 魏长城遗址

魏长城是我国最早的长城之一，比秦长城早130年，距今已有2000多年的历史。郑州大遗址片区内的魏长城遗迹，位于新密市尖山乡，荥、密交界的香炉山—蜡烛山—沙岗—风门口—王岭—茶庵一线，现存城墙长5.8千米，墙基宽2.5米，最高处为2.5米。魏长城遗址丰富了中原地区古代遗存的类型，是研究先秦政治、经济、军事、文化的可靠凭证。

2.5.3.11 荥阳故城遗址（含古荥冶铁遗址）

依文献记载，荥阳故城系两汉时期的古城，后代多有修补，至宋明以降尚在沿用。遗址位于郑州市西北27千米的古荥镇及其东部和南部，平面呈长方形，南北长约2000米，东西宽约1500米，周长约7000余米。城墙系版筑而成，层次分明，夯窝清晰。根据考古调查可知，城内东北部为粮仓，东部高地为官署，南部为居民区。同时在荥阳故城内发现了古代房基、夯土台、水管道等建筑设施，以及冶铁作坊遗址。城址为"南北之缩毂，东西之孔道"。城址历代沿革清晰，有较好的研究基础。遗址目前保存较好，城内冶铁作坊遗址为研究战国至两汉时期冶铁手工业生产和经济提供了不可替代的材料。

2.5.3.12 娘娘寨遗址

娘娘寨遗址是郑州地区最有代表性的两周时期遗址，其中，西周时期遗存尤为重要。遗址位于荥阳市豫龙镇寨杨村西北，北临索河。城址由内城、外郭城及护城河组成。内城平面近方形，西周时期兴建，东周时期修补，其中部发现有面积达2000多平方米的夯土建筑群基址。遗址在2005—2007年间经过较大规模的发掘。从已发掘的情况来看，外城平面为长方形，城垣东西长1200米，南北宽850米，面积102万平方米，始建于春秋时期，战国末期废弃。目前共清理各类遗迹1600多个，遗迹主要有城墙、城门、房址、墓葬、道路、排水设施、陶窑、灰坑、水井、灰沟、土灶等。出土遗物多为陶器，还有石器、骨器、蚌器、小型铜器和玉器等。该城址的发现是郑州地区西周城址考古的重大突破，在一定程度上填补了该地区西周文化遗存几近空白的缺憾，为西周时期城市布局、筑造方法、设防功能等提供了新的研究材料，同时对寻找两周之际郑桓公东迁其民于虢、郐间提供了重要线索。2008年该遗址被评为"全国十大考古新发现"。

2.5.3.13 汉霸二王城遗址（东、西广武城）

汉霸二王城遗址是郑州地区秦汉时期最为重要的军事堡垒性城址。遗址位于荥阳市广武镇东张沟和霸王城两个自然村，北濒黄河，周围沟壑纵横，为秦末汉初著名的军事堡垒。汉王城、霸王城（古代分别称为西、东广武城），中隔广武涧（亦称鸿沟），东西相峙于广武山上。两城的规模较大，虽然由于黄河水的长期南侵冲刷，致使北城墙及城内大部沦入河水，但部分东西城墙和大部分南城墙仍较好地保留了下来。汉王城东西长515米，南北现长190米；霸王城东西长319米，南北现长340米。城墙高10～15米，最宽约30米。城墙采用分段版筑夯成，夯层较厚，遗物主要为陶器和铜兵器。陶器有绳纹板瓦、筒瓦片、饰绳纹的盆、圜底罐等。铜兵器有镞、矛、戈等，其中2件有铭矛、戈均为韩国晚期兵器。汉霸二王城遗址自古就是一处军事要地，对研究中国古代军事史特别是楚汉战争史具有重要价值。

2.5.4 体现多元文化交融价值（价值四）的关键遗址（8处）

2.5.4.1 登封"天地之中"历史建筑群及其周边遗址

登封"天地之中"历史建筑群按照已公布的世界文化遗产名录来看，包括太室阙、少室阙、启母阙、嵩岳寺塔、观星台、少林寺塔林、初祖庵、会善寺、中岳庙、大唐嵩阳观纪圣德感应之颂碑、少林寺常住院11处文物保护单位，均为地上建筑遗产，但只是此区域原有建筑得以保存的部分，其周边还分布有大量建筑遗址，本规划为整体保护、研究和利用地上、地下文化遗产，更全面地反映嵩山地区历史文化的完整性和延续性，特纳入各建筑周边遗址进行统一规划，并新增大周封祀坛遗址、法王寺塔、净藏禅师塔、永泰寺塔、崇福宫5处文物保护单位。登封"天地之中"历史建筑群及其周边遗址时代跨度从汉至清，有坛、阙、台、塔、殿、碑等多种建筑类型，是我国分布范围最大、延续时间最长、文化类型最丰富的古建筑群，反映了这一区域礼制、儒学、佛教、道教等传统文化产生和发展的历史过程，是儒释道三教融合、中和思想发源的重要实物例证，突出表现了郑州地区华夏传统文化的形成与发展。

2.5.4.2 曲河窑址

曲河窑址位于登封市东南曲河村，面积近75万平方米，创烧于唐，盛于宋，延续至元，是登封窑的代表性窑口，其他同类窑址在登封境内颍河流域密集分布，总分布面积近500平方千米。此窑址是我国北方唐宋时期瓷器烧造中心之一，产品以民用为主，兼向宫廷进奉，在胎质、釉色等方面与处于相邻地域的汝窑、钧窑关系密切，并有以珍珠地装饰为代表的自身特点，反映了陶瓷工艺、文化在郑州地区的传播、发展和地域特色。

2.5.4.3 巩义窑址

巩义窑创烧于隋唐、延续使用至宋金，位于巩义市东约5千米的白河两岸，是水地河、白河、铁匠炉、大黄冶、小黄冶等一系列窑址的总称，其中白河窑址、黄冶窑址两处遗址尤为重要。黄冶窑是我国目前发现的唐代烧造三彩器时代最早、规模最大的窑区。白河窑址在烧制青瓷的基础上逐步改进并创烧了白瓷，近年来考古发掘资料还表明，该窑址在中晚唐时期即开始烧制青花瓷，对研究青花瓷的创烧和发展具有重要意义。

2.5.4.4 宋陵

宋陵位于巩义市区及芝田、西村、回郭镇，占地面积近30余平方千米，包括北宋七帝、后妃、宗室亲王、大臣名将等人的近千座陵墓。陵区地上封土、石刻和遗迹已进行过全面调查，并发掘了永定陵上宫、永定陵禅院、元德李后陵地宫，摸清了帝陵分布和基本格局。宋陵选址在当时的东京汴梁和西京洛阳之间，背依嵩山，由此可见郑州地区地理位置的重要性。陵园建筑基址和神道石像保存较为完整，是宋代最高等级墓葬遗址最集中分布的区域，对研究宋代墓葬制度和文化具有重要意义。

2.5.4.5 巩县石窟

巩县石窟位于巩义市河洛镇，伊洛河北岸，是北魏后期皇家主持营建的石窟寺院，现存洞窟5个、千佛龛1个、摩崖造像3尊及上百座摩崖像龛和碑刻题记。巩县石窟造像形式深受云冈石窟、龙门石窟和南朝文化的影响，是石窟艺术、文化在郑州地区传播和发展的体现。石窟中以帝后礼佛图为代表的供养人像，是佛教文化被统治阶层接受和利用的直观反映，表现了佛教在当时社会生活中的地位，说明了郑州地区处于佛教文化传播和发展的核心地区。

2.5.4.6 大运河通济渠郑州段

大运河通济渠郑州段位于郑州市惠济区，现名索须河，长约15千米。该段运河始于战国时期开凿的鸿沟水系，后为隋唐大运河沿用，成为隋唐大运河通济渠的重要组成部分，是隋唐时期南北交通的大动脉。北宋时期汴河是沟通国家经济重心的南方地区与政治、军事中心的东京开封的国家命脉，沿汴河的漕运保障了中央政权的运转，也促进了各地区经济、文化、技术的交流、融合和发展。"汴口"引黄河水对通济渠的顺畅运行起到了至关重要的作用，在中国运河技术史上占有举足轻重的地位。

为进一步加强对大运河通济渠郑州段的研究和保护工作，2011年郑州市文物局组织技术人员对该段运河河堤及邻近区域进行了考古勘探，同时对横跨通济渠故道的惠济桥桥基进行了清理。目前，通济渠郑州段已经列入中国大运河申报世界文化遗产的遗产名单，申报及保护工作已稳步开展。

2.5.4.7 窑沟瓷窑遗址

窑沟瓷窑是我国北方地区宋金时期的一处重要民间窑场,位于今新密市大槐镇窑沟村西南约3千米处。该遗址分布范围较广,东起窑沟、西至大路沟、南至黑石坡、北至大庙岭,均有分布。遗址经考古调查,遗物堆积丰富,包括瓷器、瓷片、窑具残片等。该遗址生产的瓷器以白釉、黑釉瓷为主,器型丰富,釉色、纹饰与扒村窑、西关窑等有相似处。该遗址对于研究宋金时期民间瓷器的制作、发展及各窑之间的技术交流等有重要价值,新密窑沟瓷窑的瓷器目前也为国内外多家博物馆所珍藏。

2.5.4.8 后周皇陵

后周皇陵位于河南省新郑市区北18千米的郭店村附近,陵区包括后周太祖郭威嵩陵、世宗柴荣庆陵、恭帝柴宗训顺陵和世宗符皇后懿陵。其中,嵩陵现存冢高12米,周长110米;庆陵现存冢高10米,周长105米;顺陵现存冢高4米,周长40米;懿陵现存冢高3米,周长30米。后周几座皇陵中,庆陵的保护工作较为充分,修整后的陵园占地面积约100亩,墓前保存有明代御制祭文碑33通。但是,目前针对后周皇陵开展的研究工作略显单薄,应加强重视。后周皇陵是五代时期中原地区保存下来的唯一一处完整陵墓群,属于五代时期等级最高的皇陵,是中国帝陵研究不可缺少的重要部分。

第3章 现 状 评 估

3.1 环境评估

3.1.1 地理环境评估

郑州大遗址片区北临黄河,西依嵩山,位于"地中",地理位置优越,交通便捷。由于"天地之中"的特殊区位和自然条件,成为人类生息发展的重要区域。时至今日,郑州四方通衢的地理区位也具有极高的战略意义,它是京广、陇海铁路的十字交叉口,连霍、京珠高速公路十字交叉口以及徐州—西安、北京—武汉高速铁路客运专线十字交叉口,又拥有国内重要的干线运输机场和国家一类航空口岸——新郑国际机场,具有突出的区位和交通优势。在《中原经济区规划(2012—2020年)》中,将郑州定位为"核心发展区域的区域中心",将"以郑州为中心"来重点发展"米字形重点开发地带",并要进一步"实施郑州机场二期工程,推进郑州国内大型航空枢纽建设"。

可以说,在全国六大大遗址片区之中,郑州的地理区位最具有优势,综合交通条件最为便利,这一优越的地理区位条件为郑州大遗址片区未来依托大遗址资源促进大发展、大繁荣提供了良好的地理区位优势。

3.1.2 政策环境评估

郑州历史悠久、文化灿烂,域内大遗址数量多、价值大、类型丰富。长期以来国家、省、市各级政府都重视和支持郑州大遗址的保护工作，特别是郑州市委、市政府高度认识到郑州历史文化遗产的核心所在，认识到郑州大遗址的重大价值，制定出台一系列政策支撑大遗址保护管理工作，为郑州大遗址片区的保护提供了良好的政策环境。

2011年，国务院《关于支持河南省加快建设中原经济区的指导意见》，明确将打造"华夏历史文明传承创新区"作为中原经济区建设的五大战略目标之一。这是我国主体功能区划中唯一一个具有传承与创新文化使命和功能的经济新区。《中原经济区规划（2012—2020年）》中更是明确提出要"提升郑州区域性中心城市地位"。

国家文物局高度重视郑州的大遗址保护工作，从政策上给予了极大的支持和鼓励。郑州大遗址片区是全国大遗址保护六大片区之一，在国家考古遗址公园的建设中，郑州商城是第一批立项的国家考古遗址公园。

在良好的政策环境下，郑州市委、市政府积极响应国家的指导和要求，要在打造"华夏历史文明传承创新区"和"大遗址保护片区"的实践中，想在前面、走在前列，起到引领作用。郑州市委、市政府在充分认识郑州市历史文化资源的特点和价值的前提下，提出要依托郑州丰富的历史文化资源，特别是重要大遗址，建设世界历史文化名城。这一目标已经写入"十一五"城市发展方向。2010年，在国务院批复的《郑州市城市总体规划（2010—2020年）》中，明确指出"要重视历史文化和风貌特色保护，要统筹协调发展与保护的关系，按照整体保护的原则，切实保护好城市传统风貌和格局。重点保护好郑州商代遗址等大遗址、书院街等历史文化街区、郑州'二七'大罢工纪念塔等文物保护单位及其周围环境"。"将历史文化保护、大遗址的利用纳入城市规划体系"这一总体方针，为郑州大遗址片区保护和利用提供了根本依据。

为使大遗址保护有法可依，郑州市还制定并出台了一系列地方性文物保护法规，如《郑州市嵩山历史建筑群保护管理条例》《郑州商城保护管理规定》等。目前，《郑州市大遗址保护管理条例》也在编制之中。

总之，国家、省、市各级政府都高度重视郑州市的大遗址保护工作，在政策层面上给予了极大的支持，为郑州大遗址片区的保护和管理工作的开展提供了较好的政策环境。

3.1.3　经济环境评估

郑州是中国中部地区的特大型都会和经济中心，是中原经济区的中心城市。近年来，郑州市的发展速度显著，是河南省甚至全国的经济大市，这为大遗址保护提供了充足的经济保障。

2011年，郑州市经济总量进入全国20强，全年全市完成生产总值4912.7亿元，占河南省的18%左右；全省的全社会固定资产投资1.77万亿，郑州市约为3000亿元，约为全省的17%；全省财政总收入2851亿元，郑州市约为820亿元，约为全省的29%；全省一般预算收入1722亿元，郑州市为502亿元，约为全省的29%；全省外贸进出口总额突破300亿美元，增长70%，而郑州市进出口总额完成153.6亿美元，增长239.5%，约为全省的51%。

郑州市的经济发展为郑州大遗址片区提供了经济支撑，郑州市完全有经济实力开展郑州大遗址片区的保护工作。此外，中央财政近年来加大了对郑州大遗址片区遗址保护工作的资金投入，郑州市也设立了专项保护资金，这些为郑州片区的大遗址保护工作奠定了坚实的经济基础。总体上来看，郑州大遗址片区具有较好的经济环境，能够支撑大遗址保护工作的开展。

3.2 保护现状评估

作为文物大市，郑州市一直重视文物资源的保护，特别是大遗址的重点保护工作，但目前仍存在问题。

3.2.1 基础工作仍显薄弱，有待加强

经过第三次全国文物普查工作，郑州市目前已发现各类物质文化遗产1万多处，但第三次全国文物普查及近年考古新发现的许多重要遗址尚未确定保护级别，没有纳入文物保护单位体系，其保护缺乏法律依据。

文物保护规划先行，目前郑州已有30处文物保护单位制定并审批通过了保护规划；由于编制年代较早，有5处文物保护单位的保护规划已不适应目前的遗址保护要求，已经开始修编工作；还有15处文物保护单位正在编制保护规划。此外，郑州市还制定了《郑东新区文物保护规划》，突破对单个遗址进行保护规划编制的模式，从整体保护的高度出发，将文物保护与区域社会经济发展的对接。但仍有一定数量的重要遗址没有制定保护规划，其保护缺乏法律依据。然而目前保护规划的制定基本局限于全国重点文物保护单位，类似老奶奶庙等新发现的重要遗址和价值也非常突出的省级重点文物保护单位却都还没有开展这一基础工作，制约了保护工作的开展。

目前，大遗址的调查、记录、数据库建设等基础工作仍显不足，世界遗产和全国重点文物保护单位根据保护管理要求都建立了相应的档案库，但绝大多数的遗址尚未建立完备的数据库，特别是缺乏对GIS系统等高新科技技术的利用。基础资料中欠缺地形图、卫星影像、保护维修档案等数据的情况也比较普遍，需要进一步加大投入，加强基础工作。

3.2.2 遗址本体仍面临较大的威胁

郑州大遗址片区规模大、遗迹多，且多以土遗址为主，遗址本体面临较多的自然和人为威胁，保护局面不容乐观。

遗址面临的自然威胁主要有洪水、地震等突发性破坏和自然风化、环境污染等缓慢的破坏和影响。但从总体上看，自然威胁并不是郑州大遗址片区遗址本体面临的主要问题。

人为破坏是本片区遗址本体所面临的主要情况。郑州大遗址片区遗址本体面临的人为威胁主要有：非法盗掘；在文物保护范围内破坏遗址、墓葬地形地貌的建设行为；遗址外围地区被开发为建设用地，与遗址风貌不协调；已有自然村落内违章搭建、生产，破坏遗址；部分遗址地表受人为取土破坏；有些古墓葬实施迁建保护，一定程度上影响了墓葬的真实性；遗址出土物品与遗址本体相分离等。

古建筑保护现存主要问题有：建筑本体与环境未整体保护；对古建筑修缮的"不改变原状"原则存在刻意曲解现象；增加新设施、新建筑等有损整体环境的项目；复建成风，缺乏专业力量指导，设计和施工与文物本体关系不大。

石刻类遗址保护现状的主要问题有：分散保存现象严重，部分保护单位没有保护资质和条件；自然风化和人为拓印破坏没能有效控制。

此外，缺乏对遗址的整体性和区域性的认识，尚未打破对单个文物点、遗址点进行保护的理念束缚，没有足够重视各遗址之间的关系，特别是对于文物点外部地貌环境的联系关注不够，相应的保护和控制措施未能跟上。

总之，遗址本体面临的威胁仍然存在，并急需采取措施加以控制。

3.2.3 遗址保护工作仍未得到全社会的理解和重视，遗址的展示、利用未成为推动社会发展的亮点和增长点

随着现代经济的发展，特别是近年来郑州经济发展的稳步前进，大量基础设施、城乡发展建设项目频频开展，这些影响到一些遗址，甚至保护级别较高

的重要遗址的本体和环境的保护工作。在建设项目进行过程中，遗址的保护没有得到特别重视，出现遗址给建设让步的情况，甚至导致部分已定级的文物保护单位遭到一定破坏，遗址未作为促进社会经济发展的新增长点加以对待。因此，遗址保护和当地居民生活以及社会发展的关系需要做进一步协调。

3.2.4 保护技术和方法相对落后

大部分遗址以日常巡视、义务保护人员监察的人防方式为主，仅有少数遗址利用围栏、视频监控的技防方式。从整体上来看，保护设施基础薄弱，欠缺高科技防护、保护设施；保护方式上也以被动型为主，缺乏预防性保护的理念和措施，遗址的系统监测、定期报告机制尚未建立，仍需要加大投入、提高水平。

3.3 管理现状评估

3.3.1 文物保护特别是大遗址保护的法律法规体系仍不健全

郑州市重视大遗址保护的法律法规体系的构建和完善，目前郑州市已经为3处重要文物制定了专门的地方性文物保护法规，包括《郑州市嵩山历史建筑群保护管理条例》《郑州商代遗址保护管理规定》，以及目前还在制定的《郑州市大遗址保护管理条例》。

但与郑州大遗址数量、保护管理要求相比，目前大遗址保护的法律法规体系仍不健全，一些价值特别突出、保护难度较大的大遗址尚未制定专门的保护法规，而且大遗址保护的专项法规也尚未出台。大遗址的保护仍缺乏充足的法律法规依据。

3.3.2 保护管理机构和人员的数量、质量仍显不足

在全国精简机构、压缩编制的情况下，郑州市单独成立了郑州市文物局，并增设遗产管理办公室，将郑州市文物考古研究所和郑州市城市文化研究所进行了升格和扩编。为了加强对数量众多、价值重大、分布零散的大遗址的监察保护，组建了专门的遗址保护监察队伍郑州市文物稽查大队。

虽然郑州市已经加强了文物保护管理机构建设，但与郑州严峻的遗址保护工作需求还有差距。目前郑州市文物保护和管理部门共有9个，全文物系统编

制不足三百人，专业技术人员不足二百人。从数量上看，整体人数仍然非常少，不能满足郑州大遗址片区保护管理的需要；从类型上看，缺乏专业技术人员，特别是文物保护、考古研究等专门技术人才；从学历水平看，现有人员的学历和职称水平不高，缺乏高级专业人才。与其他大遗址片区比较而言，郑州大遗址片区现有的机构、人员与郑州市数量众多、规模较大、价值突出的文物资源情况极不匹配，管理机构和人员在数量和素质方面都有待进一步提升。

3.3.3 保护管理经费缺口巨大

近年来郑州市加大文物保护经费的投入，设立郑州市文物保护专项资金，2012年起，每年由市财政出资3000万元，专项用于保护规划编制、遗址本体维修等文物保护工作，但相对郑州大遗址片区遗址数量、遗址规模、价值含量、保护管理难度等具体情况而言，目前资金投入仍显不足，特别在基础研究、保护设施等方面的资金缺口仍比较巨大。

3.3.4 管理机制、体制需要进一步创新、改革

仍然缺乏有效的机制促使与遗址保护管理有关的各个方面的利益相关者真正参与到遗址的保护、管理中，社会力量的参与需要得到重视，以加大推进"坚持依靠群众推进工作落实"长效机制的建立。

3.4 研究现状评估

3.4.1 研究机构数量仍显不足，缺乏专门方向的研究机构

郑州的文物保护管理机构中，郑州市文物考古研究院、郑州商城保护管理处、郑州市博物馆等都是郑州大遗址片区可以依托的学术研究机构。另外，郑州中华之源与嵩山文明研究会、郑州古都学会等民间组织，中国社会科学院考古研究所、国家博物馆、北京大学考古文博学院与部分地方院校也在不同程度与层面，对郑州大遗址片区进行研究或组织研究。

自20世纪50年代以来，上述机构对郑州大遗址片区的研究从无到有，从围绕郑州商周时期考古遗存的发掘与整理，扩展到郑州各历史时期多方面的研究，各机构都在各自擅长的领域为郑州文化遗产的发现、保护、维修、利用方面做出了努力。但总体而言，郑州大遗址片区研究机构数量不足，外驻机构也

存在统属不同、不易协调的问题。

同时，郑州市可移动文物的保护、存放尚无专门场所，数十万件珍贵文物只能在临时租借的场所存放，文物陈列、展示、研究机构和存放场所亟待完善。

总之，郑州仍缺乏现代人起源、旧石器工业、中国文明起源、中国城市文明发展等方面的专门研究机构和队伍，与郑州大遗址片区的价值特点和遗址情况不相匹配。郑州目前也还缺乏保护、修复方面的专门研究机构，与郑州大遗址片区大量遗址壁画、可移动文物的保护修复工作需求不相匹配。这些都制约了郑州大遗址片区保护、管理工作的开展。

3.4.2 研究方式需要转变

郑州大遗址片区的研究方式存在的问题主要有如下几种：第一，资料获取仍以配合基建获取为主、主动获取为辅，对旧有材料的整理公布不够；第二，研究课题的设置以旧有材料与新发现所引导较多，主动寻找资料、寻找课题较少；第三，研究时段集中在文明起源阶段与商周时期，对其他历史时期遗存的研究不够；第四，个人研究与单位研究较多，缺乏打破行政单位组织架构的多单位、多学科联合攻关；第五，除现代人起源课题的研究外，缺乏能引导中国考古学、历史学、人类学向前发展的前瞻性课题。

3.4.3 研究成果丰富，但仍有较多空缺

郑州大遗址片区的已有研究成果，根据研究对象、研究目的与研究方法的差异可分为基础材料研究、专项课题研究与多学科联合攻关三种研究类型。

3.4.3.1 基础材料研究与刊布

考古资料与古建测绘资料是对可移动文物与不可移动文物资源开展科学研究的原始记录。是否有考古发掘报告与详细古建测绘资料，是衡量文化遗产研究水准的第一指标。郑州大遗址片区在文化遗产资源的基础材料著录方面的工作，居于全国前列。考古原始资料的整理情况在全国同等级城市横向比较也相对较好。但从郑州重点遗址与考古工作的数量角度衡量，则还需要进一步花大力气整理、出版既往工作成果，方能与郑州大遗址片区的地位相称，也才能起到引领全国基础资料刊布的示范性作用。以下以本规划所选定的最能够反应郑州大遗址片区核心遗产价值的31处遗址为例来分析。反映价值一的5处遗址，仅有织机洞1处出版有正式考古报告，李家沟有简报，另外3处尚无考古简报。

反映价值二的9处遗址中，3处遗址有较详细的考古发掘报告（大河村、王城岗、新砦），其中新砦遗址仅有2000年以前的发掘报告，之后的发掘报告尚未公布；5处遗址有考古发掘简报或纪要；花地嘴遗址至今尚无发掘简报公布。反映价值三的13处遗址中，仅有4处遗址（郑州商城、大师姑、郑韩故城、阳城）有详细的考古发掘报告。有正式考古发掘报告的4处遗址中，也并非全部公布了材料，其中郑州商城考古报告仅有1983年以前的考古发掘资料，1983年之后的材料尚未系统公布；郑韩故城仅公布了中行祭祀遗址、西亚斯与热电厂墓葬材料，其余材料尚未正式公布。有4处遗址（望京楼、南洼、小双桥、荥阳故城）有考古发掘简报，尚无正式考古报告。其他5处遗址尚无考古发掘简报。反映价值四的8个遗址点（集群）中，仅有宋陵、巩义窑、巩县石窟3处遗址有正式考古报告，曲河窑、窑沟瓷窑2处遗址有调查报告或考古简报，登封"天地之中"历史建筑群与地表石刻仅有中岳庙、汉三阙有著录，其余所有古建筑没有详细测绘与研究报告。

3.4.3.2 专项课题研究成果

从建国后六十年的专项课题研究史来看，郑州大遗址片区内的专项研究基本上与本规划所提炼的四个核心价值相符。

对于价值一的专项研究起步较晚，至改革开放后方有初步的调查与试掘，大规模研究是在21世纪的头十年进行的。以北京大学考古文博学院与郑州市文物考古研究院为主，围绕现代人起源、中原腹心地带农业起源、体质人类学研究等核心课题展开研究。目前已出版《中国腹心地区体质人类学研究》《荥阳织机洞》等论文集和专项研究报告。

对于价值二的专项研究史伴随着中国文明起源的研究逐步开展，并成为郑州大遗址片区专项研究的两大特色之一。它是围绕郑州唐户、西山、古城寨、王城岗、新砦等遗址所进行的中原腹心地带文明起源与传播研究，已出版如《裴李岗文化研究》《登封王城岗考古发现与研究》等多部研究专著。

由于郑州地区古城众多，又是早商时期都城所在地，所以对于夏商周时期所进行的专项探讨，是郑州大遗址片区科学研究核心中的核心。数十年来，这一专项研究成果最多，已经出版专项研究报告十余部，论文数百篇。

对于价值四的研究起步较晚，但进展最快。近五年来，围绕巩义、古荥汉代冶铁手工业，巩义、登封地区唐宋时期陶瓷窑址，登封嵩山古建筑群的专项研究成果甚多。这些代表了原先较少受到重视的手工业生产、古建筑、精神文化领域的研究，也逐步成为郑州大遗址片区专项研究的热点。

但是，郑州地区的专项研究也有较多不足，对丰富的铸铜等冶金文物的专项研究，对中原腹心地区古环境的复原、动植物遗存的综合定量分析与古代农业及畜牧业的研究，对夏商周城址的整合研究，对两周封国与秦汉郡县沿革、秦汉墓葬以及陶瓷器生产销售体系等研究内容都没有专项课题意识，更缺少带有学术前瞻性的系统性整合研究。

3.4.3.3　多学科联合研究

20世纪50年代郑州地区的考古工作开展以来，郑州地区的文博工作者就比较注意利用自然科学手段对可移动物质文化遗存进行检测分析，对不可移动文物进行科学保护，在全国地市级文博单位中趋于领先。近十年来，更是注重利用先进的自然科学手段进行综合分析研究，^{14}C测年、动植物遗存浮选、泥芯钻探取样、植物孢粉与植硅体分析等自然科学取样与检测手段，在新发掘的遗址中被较为普遍的运用，取得了令人瞩目的成果。

土遗址加固、石窟寺防渗、石质文物防风化等理化技术手段，被充分运用在郑州大遗址片区的不可移动文物及考古发掘现场的保护上。比如郑州商城、荥阳故城、巩县石窟等地的加固、防渗、防风化保护，就在全国不可移动文物保护工作中，率先进行了有益的尝试。这一系列工作在全国文博界取得了可喜的成就。

但同时也应注意到，郑州大遗址片区的多学科联合研究水平还处在较为初级的阶段，自然科学手段多是作为检测手段，而非将自然科学的研究作为研究目的与过程，进行联合攻关，通过定量与定型分析，复原古代社会。在很大程度上，自然科学检测分析与考古发掘研究各自为政，没有充分融合。而部分研究方式与技术手段，如遥感、空间弱影像信息获取、VR展示技术、黏土矿物分析、碳氧同位素分析、土壤微结构分析、硅藻分析、陶器穆斯堡尔分析、俄歇能谱分析、拉曼光谱分析、化学常量与微量元素分析，以及植物产量与动物饲养方式、骨料利用方式、冶金考古X射线、CT衍射、金相组织等科技分析手段，尚未开展。大部分露天不可移动遗址未进行土壤微形态、盐分分析，对于遗址的防水土流失、防震颤、防碾压等文物保护工作，缺乏不同遗址、不同保护方案的针对性预案制订。这些不足严重影响、制约了郑州大遗址片区下一步的研究提升与保护、利用方案的细化。

3.5 利用现状评估

3.5.1 利用形式单一

目前遗址的利用大多采用遗址博物馆、考古遗址公园的形式，郑州市目前已经建成遗址博物馆2处，在建考古遗址公园3处，此外还有22处遗址公园正在规划或立项过程中。同质性较明显，欠缺根据遗址自身特点以及当地经济、生态环境进行利用模式的创新探索。

3.5.2 当地民众参与程度不足

遗址资源的利用没有与当地居民的产业模式、生活方式转型真正结合，遗址保护、利用项目在立项、规划、建设过程中，尚未形成良性的民众参与和监督机制。

3.5.3 对遗址价值的有效宣传力度不够、效果不佳

没有高度重视遗址宣传的意义，缺乏有策划、有目标的宣传行动；已有宣传多囿于传统形式，较少利用社会宣传渠道，影响社会公众对遗址的认知。

3.5.4 遗址资源与学校教育相结合有待加强

遗址资源与学校教育没有建立有效联系，遗址价值没有得到彰显，没有充分发挥教育群众、传播知识的作用，未能有效实现文物资源向社会知识的转化。

第 4 章 保护战略

4.1 战略综述

针对郑州大遗址片区文化遗产的保护现状，在总体上对所有文化遗产点分级别、分类型制定具有普遍适用性的保护措施，对本规划列出的关键遗址给出具有针对性的指导意见。充分强调区域保护概念，注重遗址点间交通、环境、资源等方面的整体保护。在此基础上，将郑州地区文化遗产的区域格局与城市发展的整体规划相联系，了解共识和冲突，明确重点问题，提出原则性的协调措施，在保护文物的基础上，促进地区经济发展、生活环境改善与民众文化素养的提高。

4.1.1 加强宣传，增强意识

积极利用各种手段加强对文化遗产保护、大遗址保护的宣传，推动全市各个部门及全社会对这一工作的理解和重视，推广"文化遗产是促进经济发展的新增长点""文化遗产是提高、丰富人民生活质量的新动力"等理念。加大对公众文化遗产保护知识的普及，促进公众由被动参与文化遗产保护向主动参与转变，积极培养公众文化遗产保护的自觉意识，营造全民参与文化遗产保护的社会氛围。

4.1.2 夯实基础，提供保障

加大对各项基础工作的政策支持、资金投入和队伍建设，做好考古调查、勘探、保护档案建设、设立保护标识牌、基本防护设施、文物库房等工作，夯实保护、管理、利用等各项工作的基础。

4.1.3 分级保护，突出重点

针对郑州大遗址片区各类遗址的保护现状，在总体上对各类遗址按照其保护级别分级进行保护；对于价值突出但尚未定级的遗址，根据其价值尽快列入文物保护单位体系，并制定相应的保护规划；根据基础调查结果，确定一批遗址本体面临自然或人为威胁严重的遗址，实施抢救性保护措施；分类型制定具有普遍适用性的保护措施，对本规划列出的关键遗址给予重点关注，关键遗址之外的其他所有遗址要普遍加强保护力度。

4.1.4 整体考量，系统管理

根据关键遗址的分布情况、主要类型以及遗址分布地区的环境条件，强调区域保护概念，注重遗址点之间交通、环境、资源等方面的整体保护，形成良好的大遗址保护的区域效果。

4.1.5 重视科技，提高水平

长期跟踪国际最先进的科研技术，跟踪并在文物保护工作中应用世界最新高科技手段，积极引入国际社会在石质文物、土遗址等领域的最新研究成果和技术标准，加强最新技术在具体大遗址保护中的应用，提高各个遗址的整体技防水平，提高遗址的维修水平，提高保护力度。

4.1.6 加强预防性保护，建立遗址的监测体系

转变遗址保护的理念，积极引入联合国教科文组织（UNESCO）的监测和定期报告制度，以及国际文物保护与修复中心（ICCROM）倡导的预防性保护理念，在充分研究遗址的特点、特性等因素的基础上，建立监测的技术规范体系，最终建立、实施并逐步完善遗址的"日常巡视—长期监测—定期报告—及时解决"制度，实现对遗址的深度管理、动态管理。

4.1.7 协调遗址保护与城市发展、新型城镇化建设的关系

重视当地民众在遗址保护、发展中的参与和积极作用，避免"圈地—拆迁—收门票"的简单发展模式，通过改变当地民众生业形态，引导人民生活发

展与遗址保护的和谐。将郑州大遗址片区保护的战略格局与城市发展的整体规划相联系，了解共识和冲突，明确重点问题，提出原则性的协调措施，在保护文物的基础上，促进地区经济发展，生活环境改善与民众文化素养的提高。

4.1.8 建立国内快速考古反应行动机制

为了应对目前大规模经济建设带来的考古工作往往滞后的被动局面，郑州大遗址片区应建立相应的快速考古反应行动机制。这种快速考古反应机制主要包括人员准备、清理保护预案与设备准备三个方面。

要有完善的人员准备，考古、文博机构要有专业人员的常例值班制度，做到第一时间能有专业人员携带仪器出现在遗存发现现场。

要有完善的清理保护预案，在全面梳理郑州出土遗存的特点后，总结针对不同遗迹类型、不同遗物类型的清理保护方法，并建立现场的安全、防护、清理、提取、运输方法与规则。同时，为保证文物、遗迹及人员的安全，还要建立与地方公安、消防、医疗救护、政府管理机构的随时联络机制，并建立平时与规划、建设、电力、水利、城管等部门的长效沟通渠道。

要有充足的设备准备，要配备和完善针对考古现场信息采集、出土文物材质和病害的快速分析以及出土文物快速处置和保护等主要技术需求的移动考古、文保与实验装备，包括在短时间内能将后方的实验设备前移到考古发掘现场的大型运输工具和各类专业仪器，以基本解决考古现场信息采集不及时和出土文物得不到及时有效的技术处理等问题。

4.2 关键遗址的保护对策

4.2.1 织机洞遗址

尽快编制保护规划，对遗址现存区域的具体情况进行现状分析，详细确定重点保护区域；积极协调当地村镇政府，关停破坏环境的开山采石场，整治周边环境。

4.2.2 西施遗址

尽快列入文物保护单位保护体系，并编制保护规划，对遗址现存区域的具体情况进行现状分析，详细确定重点保护区域；尽快对2010年的发掘剖面进行保护，并在此基础上对遗址进行全面的加固和保护。

4.2.3 老奶奶庙遗址

尽快列入文物保护单位保护体系,并编制文物保护规划,对遗址现存区域的具体情况进行现状分析,详细确定重点保护区域;尽快修建遗址的保护大棚,并对遗址本体进行加固、保护。

4.2.4 赵庄遗址

尽快制订保护规划;加强遗址本体保护,妥善保固好2009年发掘现场,重点保护好发掘剖面。

4.2.5 李家沟遗址

尽快编制保护规划,对遗址现存区域的具体情况进行现状分析,详细确定重点保护区域;尽快对该遗址已发掘剖面实施加固保护,防止雨水冲刷等破坏;与其他部门统筹协调解决遗址周边煤矿采矿活动,避免对遗址造成影响。

4.2.6 唐户遗址

尽快编制保护规划,对遗址现存区域的具体情况进行现状分析,详细确定重点保护区域,与商周时期墓地进行重点防护,对遗址破坏较严重的区域进行重点保护;对已发掘回填有较大展示价值的部分进行分析,采用加固切割方式移回室内进行保护。

4.2.7 大河村遗址

落实保护规划,加强遗址本体保护,对遗存开裂、微生物等病害进行有效防治;结合遗址公园建设有步骤拆除保护范围、建控地带内的违章建筑;结合区域发展,加强遗址周边环境整治,对进入遗址的道路进行维修。

4.2.8 西山遗址

落实保护规划,进一步对遗址现存区域的具体情况进行分析,确定详细的重点保护区域;对新农村建设中可能对遗址造成的影响进行评估,制定应对措施;与其他相关部门协调,有步骤动迁遗址东侧学校,维护遗址完整性。

4.2.9 古城寨遗址

落实保护规划，根据保护规划要求和遗址保护需要，有步骤开展遗址周边环境整治、违章建筑拆除、居民搬迁等工作；加强对遗址的巡视，加强人防和技防，避免因耕种、建设等人为活动对遗址造成影响；加强对城墙保护工程以及土遗址本体、病害的监测，为本地区土遗址保护和下一步古城展示积累数据。

4.2.10 王城岗遗址

尽快制定保护规划，对遗址现存区域的具体情况进行现状分析，详细确定重点保护区域；对新农村建设中可能对遗址造成的影响进行评估，制定应对计划；监测城址周边的村镇企业发展情况，避免对遗址及其景观造成影响。

4.2.11 稍柴遗址

尽快制定保护规划，对遗址现存区域的具体情况进行现状分析，详细确定重点保护区域；对新农村建设中可能对遗址造成的影响进行评估，制定应对计划。

4.2.12 花地嘴遗址（含滹沱岭遗址）

尽快制定保护规划，对遗址现存区域的具体情况进行现状分析，详细确定重点保护区域；对新农村建设中可能对遗址造成的影响进行评估，制定应对计划；遗址与其北部的滹沱岭遗址间的冲沟水土流失严重，尽快实施抢救性保护，予以有效整治，避免对遗址造成较大破坏。

4.2.13 新砦遗址

尽快制定保护规划，对遗址现存区域的具体情况进行现状分析，详细确定重点保护区域；对新农村建设中可能对遗址造成的影响进行评估，制定应对计划；遗址内冲沟造成比较严重的水土流失，尽快实施抢救性保护，予以有效整治，避免对遗址造成较大破坏。

4.2.14 青台遗址

对遗址现存区域的具体情况进行现状分析，详细确定重点保护区域。对新农村建设中可能对遗址造成的影响进行价值评估。

4.2.15 望京楼遗址

尽快制定保护规划，对遗址现存区域的具体情况进行现状分析，详细确定重点保护区域；制定相应措施，减少郑新快速通道运行后对遗址本体及其景观在成的影响；对城内西侧夯土台基的水土流失进行抢救性防治；对遗址东南侧的南水北调干渠运行后的地下水位升高对遗址的影响进行长期监测，积累评估和防治经验。

4.2.16 大师姑遗址

尽快制定保护规划，对遗址现存区域的具体情况进行现状分析，详细确定重点保护区域；对穿过城内的冲沟造成的水土流失进行抢救性防治；对城址周边的村镇企业发展进行长期监测，避免对遗址及其景观造成破坏。

4.2.17 南洼遗址

尽快制定保护规划，对遗址现存区域的具体情况进行现状分析，详细确定重点保护区域；对城址周边的村镇企业发展进行长期监测，避免对遗址及其景观造成破坏。

4.2.18 郑州商城遗址

落实保护规划，对重点遗存实施本体保护工程；加强对遗址的巡查和监测，避免新的建设项目、人为蓄意对遗址造成的破坏；加强对重点保护区域基建工作的管理，协调各个相关部门，严格遵守《文物保护法》及省、市地方文物保护法规要求；对城址重点遗存周边实施环境整治，结合城市绿地建设；对已经加固保护的城墙予以长时间的监测，为探索土遗址城墙的保护工作积累经验。

4.2.19 小双桥遗址

尽快制定保护规划，对遗址现存区域的具体情况进行现状分析，详细确定重点保护区域；对城址周边的村镇企业发展进行长期监测，避免对遗址及其景观造成破坏。

4.2.20 郑韩故城与韩王陵

落实保护规划，对重点遗存实施本体保护工程；对韩王陵旁居民取土破坏的活动以及在郑韩故城城墙上进行重点整治保护；对城址周边的村镇企业发展进行长期监测，避免对遗址及其景观造成破坏；加强对遗址的巡查和监测，避免新的建设项目、人为蓄意对遗址造成的破坏；加强对重点保护区域基建工作的管理，协调各个相关部门，严格遵守《文物保护法》及省、市地方文物保护法规要求；对城址重点遗存周边实施环境政治，结合城市绿地建设；对已经加固保护的城墙予以长时间的监测，为探索土遗址城墙的保护工作积累经验。

4.2.21 阳城遗址

尽快制定保护规划，对遗址现存区域的具体情况进行现状分析，详细确定重点保护区域；对城址周边的村镇企业发展进行长期监测，避免对遗址及其景观造成破坏。

4.2.22 京城古城址

尽快制定保护规划，对遗址现存区域的具体情况进行现状分析，详细确定重点保护区域；对种植在城墙上大型树木有步骤进行迁移，改换为根系不太发达的小型灌木或草本植物进行绿化；对城址周边的村镇企业发展进行长期监测，避免对遗址及其景观造成破坏。

4.2.23 白寨遗址

尽快制定保护规划，对遗址现存区域的具体情况进行现状分析，详细确定重点保护区域；对城址周边的村镇企业发展进行长期监测，避免对遗址及其景观造成破坏。

4.2.24 魏长城遗址

尽快制定保护规划，对遗址现存区域的具体情况进行现状分析，详细确定重点保护区域；对遗址本体坍塌较严重部分，进行抢救性发掘和抢救性维修保护；对城址周边的村镇企业发展进行长期监测，避免对遗址及其景观造成破坏。

4.2.25 荥阳故城遗址（含古荥冶铁遗址）

落实保护规划，对重点遗存实施本体保护工程；对城址周边的村镇企业发展进行长期监测，避免对遗址及其景观造成破坏；加强对遗址的巡查和监测，避免新的建设项目、人为蓄意对遗址造成的破坏；加强对重点保护区域基建工作的管理，协调各个相关部门，严格遵守《文物保护法》及省、市地方文物保护法规要求；对城址重点遗存周边实施环境政治，结合城市绿地建设；对已经加固保护的古荥冶铁遗址相关遗存予以长时间的监测，为探索土遗址的保护、展示工作积累经验。

4.2.26 娘娘寨遗址

对遗址现存区域的具体情况进行现状分析，详细确定重点保护区域。对城址周边的村镇企业造成的景观破坏予以重点保护。

4.2.27 汉霸二王城遗址（东、西广武城）

对遗址现存区域的具体情况进行现状分析，详细确定重点保护区域。对城址周边基建造成的景观破坏予以重点保护。对未加固保护的城墙予以长时间的监控防护，为探索土遗址城墙的保护工作积累经验。对部分重点区域的基建工作，以《文物保护法》及地方法规严格执行保护。对种植在城墙上大型树木迁移，改换为根系不太发达的小型灌木或草本植物进行绿化。

4.2.28 登封"天地之中"历史建筑群及其周边遗址

已编制保护规划的，切实落实保护规划的相关要求，未编制保护规划的，尽快编制并按相关手续审批；加强对遗址周边环境的治理，特别是相关遗址或古建筑之间区域的清理和整治。

4.2.29 曲河窑址

尽快制定保护规划，对遗址现存区域的具体情况进行现状分析，详细确定重点保护区域；加强对遗址的日常巡视和监测，避免建设、盗掘对遗址造成影响。

4.2.30 巩义窑址

尽快制定保护规划，对遗址现存区域的具体情况进行现状分析，详细确定重点保护区域；加强对遗址的日常巡视和监测，避免建设、盗掘对遗址造成影响。

4.2.31 宋陵

落实保护规划，加强对遗址的日常巡视和监测，增加技防设施，提高人防水平，避免建设、盗掘对遗址造成影响；对石刻等遗存本体进行日常监测，及时防治病害。

4.2.32 巩县石窟

落实保护规划，对不稳定岩体进行加固；加强对遗址的日常巡视和监测，增加技防设施，提高人防水平，避免盗抢对遗址造成影响；对石刻等遗存本体进行日常监测，及时防治病害。

4.2.33 大运河通济渠郑州段

落实保护规划，加强对运河故道及惠济桥的本体保护；加强对河道两侧环境整治和绿化工作；加强河道内水质改善工作。

4.2.34 窑沟瓷窑遗址

尽快制定保护规划，对遗址现存区域的具体情况进行现状分析，详细确定重点保护区域；加强对遗址的日常巡视和监测，避免建设、盗掘等因素对遗址造成影响。

4.2.35 后周皇陵

落实保护规划，在庆陵陵园得到保护展示的同时，对其他三座皇陵现存区域的具体情况进行现状分析，尽快完善保护措施；设立文物保护单位保护标志牌；加强对遗址的日常巡视和监测，避免建设、盗掘等因素对遗址造成影响。

第5章 研究战略

5.1 战略综述

5.1.1 完善研究机构与研究人才队伍建设

人才队伍是实现郑州大遗址片区战略发展最核心的智力保障,郑州片区目前研究机构与人才的不足已成为严重制约郑州大遗址片区发展的瓶颈。应高度认识和重视专业人才在大遗址保护利用中的重要作用,积极完善研究机构和人才队伍,促进对重要大遗址文物本体与文化内涵的保护、挖掘、阐释、弘扬、传承、创新和利用工作,充分发挥文化遗产保护对城市形象提高、经济增长方式转变、产业结构调整中的辐射、带动作用,使之成为社会发展的亮点和重要增长点,成为实现郑州大遗址片区科学保护利用和华夏历史文明传承创新的重要抓手。

5.1.2 重视基础资料的整理与出版

重视以往考古调查、考古发掘、古建测绘、维修工程等相关资料的整理出版,加强以后相关基础资料整理与出版的审核力度,实现研究资料与社会大众共享。

就目前郑州大遗址片区各处地下遗址、墓葬与地上不可移动文物的既往基础工作的而言,尚有如下数部调查、发掘报告与古建测绘报告需要尽快出版,这些报告的出版对于宣传郑州片区遗址的核心价值会发挥重要作用:

《新密李家沟》

《新郑赵庄与登封西施》

《郑州老奶奶庙（2011—2012）》

《新郑唐户》

《郑州西山》

《巩义花地嘴与溽沱岭》

《巩义稍柴》

《新密新砦（2001—2012）》

《新郑望京楼》

《郑州商城（1983—2012）》

《郑韩故城》

《许岗与小胡村》

《古荥冶铁遗址》

《荥阳娘娘寨》

《郑州洼刘墓地》

《郑州先秦两汉古城址调查报告》

《嵩阴塔庙测绘报告》

《郑州古长城调查测绘报告》

《登封窑调查报告》

《嵩山古建筑群调查测绘报告集》

5.1.3　开展区域性的调查与研究

突破以往单个遗址开展研究的局限，将具有相关性的遗迹、遗址作为一个整体考量，开展区域性的调查、测绘以及必要的考古发掘和研究，深入对郑州大遗址片区核心价值的整体认识。

根据以往的工作和对于郑州大遗址片区核心价值的认识，建议进一步开展以下考古工作：

织机洞洞口遗存的清理；

环嵩山地区旧石器时代遗存区域系统调查；

李家沟遗址补充发掘；

唐户遗址先秦遗存钻探与发掘；

大河村遗址墓地发掘、聚落布局钻探调查；

西山遗址仰韶文化时期墓地发掘；

古城寨城址城内布局、道路钻探与城址周围墓地钻探、试掘；

王城岗城址城内布局、道路钻探，城址周围墓地钻探调查、试掘、手工业作坊试掘；

稍柴遗址环壕与壕内布局钻探、大型建筑试掘、墓地试掘；

洛汭区域系统调查与GIS坐标网建设；

花地嘴遗址环壕西部、北部钻探试掘、壕内布局与路网钻探，大型建筑试掘、墓地试掘；

新砦遗址南部钻探试掘、壕内布局与路网钻探，大型建筑试掘、墓地试掘、手工业作坊调查试掘、GIS坐标网建设；

青台遗址布局钻探、调查，手工业作坊试掘；

望京楼遗址城内布局、道路钻探，城址周围墓地钻探调查、试掘，手工业作坊试掘；

郑州商城遗址外城北侧钻探、城内道路钻探、城址墓地勘察、GIS坐标网建设；

大师姑遗址城内布局、道路钻探，城址周围墓地钻探调查、试掘，手工业作坊试掘；

南洼遗址二里头文化时期墓地发掘，遗址聚落布局钻探与试掘；

小双桥遗址的系统调查，重点解决遗址有无环壕、城墙，寻找手工业作坊与同时期墓地，尤其是高等级墓地的位置；

郑韩故城遗址城内布局与道路钻探；大型夯土基址试掘、不同种类手工业作坊的试掘；

阳城遗址城内布局与道路钻探；大型夯土基址试掘、不同种类手工业作坊的试掘，城址周边春秋战国时期墓地分布调查与试掘；

京城古城址城内布局与道路钻探；大型夯土基址试掘，城址周边春秋战国时期墓地分布调查与试掘；

白寨遗址大型墓葬的钻探与发掘；

郑州大遗址片区古长城区域系统调查与GIS测绘网络建设；

古荥遗址城内布局与道路钻探；大型夯土基址试掘、不同种类手工业作坊的试掘，城址周边战国两汉时期墓地分布调查与试掘；

娘娘寨遗址城内布局、道路钻探，城址周围墓地钻探调查、试掘，手工业作坊试掘；

汉霸二王城（东、西广武城）遗址城内布局与道路钻探；大型夯土基址试掘、不同种类手工业作坊的试掘，城址周边战国两汉时期墓地分布调查与试掘；

嵩山古建筑群测绘与GIS测绘网络建设；

观星台附近钻探调查；

会善寺周边重点钻探及局部发掘；

大周封祀坛周边考古钻探及局部发掘；

曲河窑址区域系统调查与试掘；

巩义窑区域系统调查与试掘；

登封窑区域系统调查与试掘；

新密磁窑沟区域系统调查与试掘；

5.1.4 加强多学科间的交流与协作

对于古遗址、墓葬、手工业、古建筑等的调查与研究，除考古专业人员参与外，加强与金属分析、动植物分析、陶瓷分析、测年检测、城市规划、建筑设计等专业人员的协作，借鉴相关专业的研究成果。同时，注重与文物保护、文化遗产管理、文化产业开发等相关人员合作，将研究的广度扩展至文化遗产的保护、管理、利用等领域。

5.1.5 深化文化背景的考察与研究

结合文献材料，加强对文化遗产背后的人群信仰、思想发展历史的考察，关注文化活动中的仪式、制度，加强文化遗产与社会组织、生产生活方式、宗教信仰等方面的整合研究，从而深化对郑州地区在华夏文化体系形成与发展过程中核心地位的认识。

5.1.6 探索管理利用的模式和机制

探索大遗址研究利用新模式与有效的管理机制，探索多单位、不同领导体制机构协作攻关的新模式，探索新的科技手段与传统物质文化遗产的研究相结合的研究途径，为全国文物系统专题研究机制改革开拓思路。

5.1.7 开展填补空白、引领全国的专题研究

针对郑州大遗址片区的遗存特点和核心价值，规划一些主动研究的课题，

以提升郑州大遗址片区遗产价值的认识水平，同时扩大郑州大遗址片区的国际学术影响力和社会影响力。建议逐步开展以下具有国际学术视野和独特范式意义的综合性课题：

5.1.7.1 现代人类起源与环境变迁的综合研究

现代人的起源与农业起源是世界性的前沿学术课题。目前学术界对现代人的起源有"非洲起源传播说"和各地独立起源说两种主流观点。郑州地区以荥阳织机洞、登封西施、新郑赵庄、二七区老奶奶庙、新密李家沟等为代表的400余处旧石器时代遗址，构成了自距今10万年至距今9千年间关键时间范围内较完整年代链条，这些遗址所发现的遗存，不但填补了我国旧石器时代晚期的诸多空白，更推动了整个东亚地区现代人起源的研究。整个东亚地区在这个时间段内，尚没有如郑州这样拥有遗址分布密集、年代链条完整的遗址片区。这一特点决定了郑州大遗址片区作为东亚地区现代人起源与农业起源研究的核心地区地位是无可替代的。

根据郑州地区这一独特的遗产资源优势，可以开展如下六个方面的系统研究：

郑州地区旧石器时代遗址分布与规模；

旧石器时代人类发展及现代人出现；

现代人行为特征研究；

中原地区石叶加工技术研究；

中原旧石器、新石器时代过渡研究；

中原动植物化石及古环境复原研究。

5.1.7.2 郑州地区先秦古城址的兴起与发展研究

在公元前3800年至公元前200年左右，没有其他地区如郑州地区这样，密集性拥有多座环壕聚落或夯土围垣。这些规模宏大、内部结构复杂的大型或超大型聚落的出现，体现了当时社会分化的剧烈与不同族群间的动荡冲突。这些聚落出现的同时，各聚落内部也出现了不同寻常的遗迹现象或专为贵族控制及为贵族生产的高等级手工业产品。

进入国家阶段以后，郑州以郑州商城为代表的三代城址，体现出中国古代城址营建思想的发展脉络。目前，郑州地区发现的商代至汉代城址数量多达二十余座，是探讨城市起源与中国传统城市趋于成型的重要地区。

根据郑州地区这一独特的遗产资源优势，可以在如下五个方面开展系统的范式性研究：

中国早期城市起源研究；

郑州地区不同地区商代聚落的综合研究；

郑州地区春秋战国时期城址研究；

城市文明进程中的郑州地区小型聚落研究；

郑州地区龙山时期至先秦时期城市手工业生产综合研究。

5.1.7.3 冶金考古综合研究

范铸工艺是中国古代铜器铸造的伟大创举，在世界范围内的铜器铸造工艺中，唯有中华文明将范铸工艺发挥到极限，创造出一整套有别于其他文明的铸造工艺样态，这一技术在中国早期冶铁生产中也发挥了巨大的作用，为中国早期铁器生产的突发式演进奠定了坚实的基础。

郑州可移动文物资源丰富，冶金考古遗存尤为突出。郑州拥有全国时代最为完善的夏商周三代青铜器遗物，其中早商时期二里冈文化的青铜器是全国数量最多、最为精美的。同时，郑州还拥有全国数量最多、种类最全的冶铁遗物以及与冶铜、冶铁手工业的相关遗存。在郑州大遗址片区的保护与利用过程中，可以以冶金考古研究作为大遗址片区专题学术研究的试点，对郑州地区冶金遗存的研究（目前暂定以郑州市文物考古研究院、郑州市博物馆及巩义、新郑等县市博物馆的发掘品与藏品为整理对象）进行初步整理、资料重新刊布与研究，重点在于对二里冈文化铜器的合范铸造方式、合金配比成分、在同时期各文化中的铸造水平等级、各单位铜器年代、种类以及其与二里头文化铸铜工业的关系研究，进而研究郑州地区早商时期铜器生产操作链的工艺环节与产品种类、生产规模。

由于大部分郑州二里冈时期铜器发掘年代较早，图像资料较为模糊，缺少图像材料者亦多，对其亦未曾进行系统的铸造工艺研究与合金成分检测。可以通过重新整理与研究工作，对这批珍贵材料尽可能地予以重新公布，为中国青铜器铸造史研究建立坚实基础。

对于郑州地区的冶铁遗存研究，以新郑郑韩故城、古荥冶铁遗址与铁生沟冶铁遗址的材料为重点，综合研究冶铜范铸技术如何为冶铁技术所利用、有何革新；确定战国至西汉时期主要冶铁产品成品种类、技术成就以及对社会发展的推动作用。

整合郑州大遗址片区铜冶、范铸、冶铁等资源，深入开展冶金考古研究，将郑州大遗址片区打造成为中国冶金考古的重要基地。

5.1.7.4　郑州地区陶瓷手工业研究和陶瓷史编写

郑州陶瓷生产有着悠久的历史，新密李家沟遗址远在10000年前的先民们就开始烧造陶瓷；裴李岗文化中发现了距今8000年的陶窑；郑州大河村遗址的彩陶构图明快、特点鲜明；郑州商城遗址出土的原始青瓷曾经在学术界产生广泛影响；巩义的黄堡窑不但烧制唐三彩，还烧制唐青花；新密西关窑、登封曲河窑生产的珍珠地划花、白地黑花、白釉瓷器等，在陶瓷史上都占有重要地位。根据考古发现，结合文献材料，系统编写郑州地区陶瓷发展史，认真梳理郑州地区的陶瓷生产脉络、烧造工艺、装饰艺术特点与变迁、生产销售与技术交流等问题，在陶瓷考古的田野工作与理论研究方面有所建树，并以此带动对中国陶瓷史的深入研究，深化对于陶瓷在中华文明形成与发展过程当中重要性的认识。郑州在陶瓷研究方面尚需开展以下工作：

郑州地区汉代以前陶器的系统梳理；

郑州地区汉代以后陶瓷编年及其在社会生活中的作用与文化意义研究；

原始青瓷生产工艺与运销途径、使用方式及其在社会生活中的作用；

郑州地区唐宋窑址的系统调查与发掘。

5.1.7.5　五代及北宋皇陵研究

五代、北宋处于中国古代社会发展史的"唐宋变革"时期，作为最高统治者的帝王陵墓，是透视这一时期丧葬文化特点、思想信仰变化的重要参考资料。针对后周帝陵、北宋皇陵的保护与研究现状，可开展以下工作：

对后周皇陵进一步进行基础调查；

针对各陵园内部结构进行适当试掘，剖析各个陵园基本结构；

开展五代、北宋帝陵丧葬制度等学术研究。

5.1.7.6　郑州地区传统文化的综合研究

郑州地处中原腹心地带，不同时期的思想文化在这里交流激荡，留下许多历史遗迹供人们深入研究。针对这些遗迹，建议开展以下一些课题：

郑州地区原始文化思想在华夏文明形成过程中的作用；

"中""和"理念的形成与发展；

郑州地区佛教史迹的调查与研究；

郑州地区道教史迹的调查与研究；

郑州地区民俗文化的调查与研究；

郑州地区古代建筑的综合研究；

郑州地区壁画墓的综合研究；

郑州地区的礼制文化。

5.2 关键遗址的研究对策

5.2.1 织机洞遗址

织机洞遗址在20世纪90年代由郑州市文物考古研究院的发掘，该阶段的发掘出土数以万计的石制品及动物化石。已有的研究成果是刊于《人类学学报》的发掘简报，详细发掘报告尚待整理发表。

2001—2004年，北京大学中国考古学研究中心、考古文博学院与郑州市文物考古研究院联合发掘，已提交了教育部人文社会科学研究基地重大项目的结项报告，综合研究报告正在整理编写，争取近年出版。

该遗址仍保留有大量堆积，尤其是洞穴口及洞穴内部的堆积尚未发掘，未来可根据学术课题需要，继续进行发掘与研究。

5.2.2 西施遗址

尽快整理2010年发掘资料，完成发掘报告编写，完成综合研究工作，提交综合研究报告；同时亟待扩大在西施遗址附近的调查，发现石叶文化的中心营地遗址并继续进行发掘，争取获得更多关于中原地区石叶技术的来源与发展过程的考古资料与信息。

5.2.3 老奶奶庙遗址

在2011—2012年度发掘基础上，继续进行发掘，完成首期发掘的同时进行综合研究，出版发掘与研究报告；配合拟建设的考古遗址公园，继续进行周边调查，选择合适地点进行发掘，扩大对贾鲁河上游旧石器遗址群文化内涵的认识。

5.2.4 赵庄遗址

尽快整理2009年发掘资料，完成发掘报告编写，完成综合研究工作，提交综合研究报告。

5.2.5 李家沟遗址

继续整理2009—2010年发掘资料，完成发掘报告编写，同时加快综合研究工作进度，争取尽早提交综合研究报告；扩大在李家沟遗址附近的调查，选择合适地点，继续进行发掘，争取获得更多关于旧新石器时代过渡阶段的考古资料与信息。

5.2.6 唐户遗址

整理发表遗址发掘报告，对遗址进行系统钻探调查，搞清不同时代遗存的分布范围与布局，对遗址周围进行区域系统调查，搞清遗址的性质与功能，对商周时期遗存进行小规模试掘，确定时代与等级、性质。

5.2.7 大河村遗址

整理完成大河村遗址博物馆扩建工程中发掘的新资料；确定遗址内族墓葬的分布地点，选择性发掘墓地并加以展示。

5.2.8 西山遗址

整理十余年来累计的材料，出版遗址发掘报告，对遗址进行系统钻探调查，搞清不同时代遗存的分布范围与布局，对遗址周围进行区域系统调查，搞清遗址的性质与功能，对仰韶城址形成同时期的墓地进行重点试掘，并展开多学科合作研究，确定城址内人群的来源、经济模式，进一步确定城址的等级、性质。

5.2.9 古城寨遗址

整理调查钻探的材料，发表遗址正式考古报告；继续对遗址进行系统钻探调查，搞清城内的布局；对城址外侧进行区域系统调查，确定城外聚落的相互关系；寻找与城址同时期的墓葬线索，对困扰学术界许久的龙山时期族墓地缺失问题，寻找突破口。

5.2.10 王城岗遗址

对遗址进行系统钻探调查，搞清城内的布局；对城址外侧进行区域系统调查、确定城外聚落的相互关系；寻找与城址同时期的墓葬线索，对困扰学术界许久的龙山时期族墓地缺失问题，寻找突破口；进一步弄清大小城之间的关系；寻找城内手工业作坊的位置，开展多学科联合攻关，对经济模式、人口数量、人口来源、是否存在铜器生产进行综合研究；以王城岗遗址的综合研究，确立龙山时期中原地区大型城址的综合研究范式。

5.2.11 稍柴遗址

整理调查钻探的材料，发表遗址报告；对遗址进行系统钻探调查，搞清不同时代遗存的分布范围与布局；对已发现的环壕进行密探、试掘解剖，确定环壕规模与年代；确定环壕的准确始建、废弃年代，并了解环壕内的布局；对遗址周围进行区域系统调查，搞清遗址的性质与功能；对龙山时期与夏商时期环壕周围的墓地进行重点探索，并进行试掘，展开多学科合作研究，确定城址内人群的来源、经济模式、进一步确定城址的等级、性质。

5.2.12 花地嘴遗址（含滹沱岭遗址）

整理调查、钻探、发掘的材料，发表前一阶段的遗址发掘报告；对遗址进行系统钻探调查，搞清不同时代遗存的分布范围与布局，确定滹沱岭遗址与花地嘴遗址的相互关系；对已发现的环壕西部、北部进行密探、试掘解剖，确定环壕规模；确定环壕的准确始建、废弃年代，并了解环壕内的布局；对遗址周围进行区域系统调查，搞清遗址的性质与功能；对龙山时期环壕周围的墓地进行重点探索，进行试掘，展开多学科合作研究，确定城址内人群的来源、经济模式、进一步确定城址的等级、性质。

5.2.13 新砦遗址

整理调查、钻探、发掘的材料，发表前一阶段的遗址发掘报告；对遗址进行系统钻探调查，搞清不同时代遗存的分布范围与布局；对已发现的环壕南部进行密探、试掘解剖，确定环壕规模与年代；确定环壕内的布局；对遗址周围进行区域系统调查，搞清遗址的性质与功能；对龙山时期环壕周围的墓地进行重点探索，进行试掘，展开多学科合作研究，确定城址内人群的来源、经济模式、进一步确定城址的等级、性质，确定新发现的铜块是否属于遗址使用的时期。

5.2.14 青台遗址

通过钻探确定遗址现存部分的核心范围及其平面布局，重点解决不同时期房址、手工业作坊与族墓地的分布，并寻找不同时期遗址内布局的变化。对庙底沟、秦王寨类型彩陶颜料进行科学分析、对比，分析探索寻找颜料产地的差异。

5.2.15 望京楼遗址

对遗址进行系统钻探调查，搞清城内的布局；对城址外侧进行区域系统调查，确定城外聚落的相互关系；由于望京楼城址曾出土高等级铜器、玉器，应重点寻找与城址同时期的墓葬；进一步弄清二里头城与二里冈城之间的关系；寻找城内手工业作坊的位置，开展多学科联合攻关，对经济模式、人口数量、人口来源、是否存在铜器生产进行综合研究；以望京楼遗址的综合研究，确立二里头至二里冈时期中原地区大型城址的综合研究范式；整理发掘资料，出版详细的发掘报告。

5.2.16 大师姑遗址

对遗址进行系统钻探调查，搞清城内的布局；对城址外侧进行区域系统调查，确定城外聚落的相互关系；寻找城内手工业作坊的位置，开展多学科联合攻关，对经济模式、人口数量、人口来源、是否存在铜器生产进行综合研究；进一步弄清二里头城与二里冈时期城址沿用之间的关系，了解城址的废弃原因。

5.2.17 南洼遗址

对遗址进行系统钻探调查，搞清遗址的布局；对遗址外侧进行区域系统调查，确定聚落间的相互关系；由于遗址断崖在调查期间曾发现有成排的墓葬，应予以重点关注；由于遗址曾出土大量高等级的白陶器，应重点寻找与城址同时期的高等级墓葬；寻找遗址内手工业作坊的位置，开展多学科联合攻关，对经济模式、人口数量、人口来源、是否存在白陶和铜器生产进行综合研究；通过钻探和区域系统调查，确定不同时期遗存的分布。

5.2.18　郑州商城遗址

在有条件的情况下，配合基建，对遗址进行系统钻探调查，进一步搞清遗址的布局；对遗址外侧进行区域系统调查，确定聚落间的相互关系；寻找遗址内手工业作坊的位置，开展多学科联合攻关，对经济模式、人口数量、人口来源进行综合研究；通过钻探和区域系统调查，确定不同时期遗存的分布；由于遗址范围内曾出土高等级的铜器，应重点寻找与遗址同时期的高等级墓葬；整理出版1983年以后历次发掘、钻探的成果，将郑州商城的考古资料尽快公布于公众。

5.2.19　小双桥遗址

在有条件的情况下，配合基建，对遗址进行系统钻探调查，进一步搞清遗址的布局；对遗址外侧进行区域系统调查，确定聚落间的相互关系；寻找遗址内手工业作坊的位置，开展多学科联合攻关，对经济模式、人口数量、人口来源进行综合研究；通过钻探和区域系统调查，确定不同时期遗存的分布；由于遗址范围内曾出土高等级的铜器，应重点寻找与遗址同时期的高等级墓葬；整理出版1980年代以来历次发掘、钻探的成果，将小双桥遗址的考古资料尽快公布于公众；确定遗址是否存在城墙或环壕类的防御性设施；确定城内大型夯土基址的布局。

5.2.20　郑韩故城与韩王陵

在有条件的情况下，配合基建，对遗址进行系统钻探调查，进一步搞清遗址的布局；对遗址外侧进行区域系统调查，确定聚落间的相互关系；寻找遗址内手工业作坊的位置，开展多学科联合攻关，对经济模式、人口数量、人口来源进行综合研究；通过钻探和区域系统调查，确定不同时期遗存的分布；由于遗址曾出土大量高等级的铜器，应重点寻找春秋时期郑国国君高等级墓葬的位置；进一步弄清春秋郑城与战国韩城之间的关系，确定东西城之间隔墙的始建年代；寻找城内手工业作坊的位置，开展多学科联合攻关，对经济模式、人口数量、人口来源、是否存在铜器生产进行综合研究；整理出版历次发掘、钻探的成果，将城址的考古资料尽快公布于公众；对韩王陵封土与郑韩故城进行遥感影响分析，寻找是否存在古代道路遗迹；以郑韩故城的综合研究，确立东周时期中原地区大型城址的综合研究范式。

5.2.21 阳城遗址

对遗址进行系统钻探调查，搞清城内的布局；对城址外侧进行区域系统调查，确定城外聚落的相互关系；由于城址周边曾发现高等级墓葬，出土有较高等级铜器、玉器，应重点寻找是否存在与城址同时期的墓地；寻找城内手工业作坊的位置，开展多学科联合攻关，对经济模式、人口数量、人口来源、是否存在铜器生产进行综合研究；以阳城遗址的综合研究，确立王城岗城址与阳城城址在战国时期的相互关系；整理发掘资料，出版阳城及周边遗存的详细发掘报告。

5.2.22 京城古城址

对城址进行系统钻探调查，搞清城内的布局；同时寻找该城是否存在城外的护城河或壕沟；对城址外侧进行区域系统调查，确定城外聚落的相互关系；应重点寻找是否存在与城址同时期的墓地，尤其是高等级墓地；寻找城内手工业作坊的位置，开展多学科联合攻关，对经济模式、人口数量、人口来源、是否存在铜器生产进行综合研究；确定城址确切的始建与废弃年代。

5.2.23 白寨遗址

整理调查钻探的材料，发表遗址简报；遗址面积过大，但目前对遗址的范围确定都是依赖地表采集。因此，有必要对遗址进行系统调查，并进行小规模的钻探调查，搞清不同时代遗存的分布范围与布局；围绕已发现的殉马坑，寻找高等级墓葬或高等级建筑基址，若没有，则应考虑是否存在类似的多个遗存，是否是祭祀区；进一步确定遗址的相对确切年代。

5.2.24 魏长城遗址

对遗址进行系统测绘调查，搞清长城的走向与相应高程、布局；同时寻找长城沿线有无相应遗存；对城址外侧进行区域系统调查，确定城外聚落的相互关系；确定两座城址始建先后顺序与废弃年代；整理发表调查、试掘简报。

5.2.25 荥阳故城遗址（含古荥冶铁遗址）

对遗址进行系统钻探调查，搞清城内的布局；同时寻找该城是否存在城外的护城河或壕沟；对城址外侧进行区域系统调查，确定城外聚落的相互关系；

应重点寻找是否存在与城址同时期的墓地，尤其是高等级墓地；寻找城内手工业作坊的位置，开展多学科联合攻关，对经济模式、人口数量、人口来源、是否存在铜器生产与冶铁遗址共存的情况进行综合研究；确定城址确切的始建与废弃年代；整理发表调查、试掘简报；对古荥冶铁遗址的出土遗存进行多角度科学技术分析。

5.2.26 娘娘寨遗址

对遗址进行系统钻探调查，搞清城内的布局。对城址外侧进行区域系统调查，确定城外聚落的相互关系。重点寻找与城址同时期的墓葬，以便进一步确定城址性质。进一步弄清城址的时间年代。寻找城内手工业作坊的位置，开展多学科联合攻关，对经济模式、人口数量、人口来源、是否存在铜器生产进行综合研究。以娘娘寨遗址的综合研究，确立西周时期中原地区大型城址的综合研究范式。整理发掘资料，出版详细的发掘报告。

5.2.27 汉霸二王城遗址（东、西广武城）

对遗址进行系统钻探调查，搞清两座城内的布局；同时寻找两座城址是否存在城外的护城河或壕沟。对城址外侧进行区域系统调查，确定城外聚落的相互关系。应重点寻找是否存在与城址同时期的墓地，尤其是高等级墓地。寻找城内手工业作坊的位置，开展多学科联合攻关，对经济模式、人口数量、人口来源、是否存在铁器生产进行综合研究。确定两座城址始建先后顺序与废弃年代。整理发表调查、试掘简报。

5.2.28 登封"天地之中"历史建筑群及其周边遗址

5.2.28.1 作为一个整体的建筑群调查测绘与考古发掘报告编写

现阶段，嵩山地区同一建筑群的各个组成部分存在被分开对待的现象，这不利于完整的揭示文化遗产的范围、分区和布局，应该将其作为一个整体做区域性的调查、发掘和测绘工作。同时，某些残存的遗迹也标志着其周边遗址的存在，需要以此为基点，在条件允许的情况下，通过考古发掘的手段，寻找其所在遗址的范围和布局。根据嵩山地区文物保护单位的研究现状，可在以下区域进行基础调查测绘和适当地考古钻探和局部发掘工作：

文物保护单位	研究规划	可能解决的问题
少林寺常住院 初祖庵 少林寺塔林	1. 少林寺范围内的整体调查，各遗迹、遗址及碑石铭记的地理信息系统建设； 2. 常住院与塔林、初祖庵这三大区域间考古钻探及局部发掘； 3. 地面建筑整体测绘，重点精细测绘常住院山门、千佛殿、初祖庵大殿，塔林分期编年研究	1. 明确少林寺的四至和布局，把握各文物点分布情况； 2. 探寻可能的遗址分布情况，了解寺内各部分交通联系； 3. 研究河南地区官式和地方建筑区域内塔的形式发展
太室阙 中岳庙	1. 太室阙至中岳庙一线的考古钻探及局部发掘； 2. 配合天中街一线改造进行考古钻探及局部发掘； 3. 地面建筑整体测绘，重点精细测绘太室阙、天中阁、峻极殿及汉翁仲、宋铁人、唐碣、宋幢、金庙貌碑、元碑等金石文物	1. 了解汉代太室山庙神道及一线配置和布局； 2. 了解中岳庙原东西南院墙及汉代以来地层堆积情况； 3. 获取研究汉阙、清代官式建筑及中岳庙史的必要资料
少室阙	少室阙往西南向少室山方向一线考古钻探及局部发掘	了解汉代少室山庙神道及可能的庙址分布范围和布局
启母阙	启母阙往北向万岁峰方向一线考古钻探及局部发掘	了解汉代启母庙神道及可能的庙址分布范围和布局
嵩岳寺塔	1. 跨区域进行塔历史源流及细部装饰研究； 2. 塔院外侧100米内考古钻探及局部发掘	1. 从考古类型学角度确认嵩岳寺塔年代； 2. 了解历史上嵩岳寺四至、布局及历代地层堆积，从考古地层学角度确认嵩岳寺塔年代
观星台	1. 观星台北侧元代大殿向北一线考古钻探； 2. 观星台三维动态模型演示研究	1. 明确元代观星台建筑群北界； 2. 在时空背景下复原观星台的功能和使用方式
会善寺 净藏禅师塔	1. 以会善寺周边塔为坐标，进行整体调查和考古钻探； 2. 地面建筑整体测绘，重点精细测绘净藏禅师塔、大雄宝殿、琉璃塔； 3. 一行琉璃戒坛遗址周边重点钻探及局部发掘	1. 明确会善寺四至、布局和功能分布； 2. 河南唐代八角形砖塔和元代木构殿堂研究的基础资料； 3. 了解唐代戒坛四至及其上地层堆积
大唐嵩阳观纪圣德感应之颂碑嵩阳书院	结合嵩阳书院旁院建设开展考古勘探和局部发掘	了解嵩阳书院范围，探索其从嵩阳观发展到嵩阳书院的布局变化和地层关系
大周封祀坛遗址	祭坛周边考古钻探及局部发掘	了解祭坛四至、周边建筑布局及历代地层堆积

续表

文物保护单位	研究规划	可能解决的问题
法王寺塔	1. 法王寺重建工程必须以考古钻探和发掘为前提； 2. 精细测绘法王寺塔六塔	1. 了解法王寺遗址内原建筑分布和结构； 2. 嵩山地区塔历史研究的基础资料
永泰寺塔	1. 永泰寺原址考古钻探和局部发掘； 2. 精细测绘永泰寺三塔	1. 了解永泰寺范围及布局； 2. 嵩山地区塔历史研究的基础资料
崇福宫	1. 泛觞亭遗址周边局部发掘； 2. 地面建筑总体测绘，重点精细测绘玉皇殿、三皇殿	1. 明确原亭址四至及寺院历代地层堆积关系； 2. 了解清代嵩山地区独有的石殿做法

5.2.28.2　单体古建筑修缮工程报告编写

环嵩山地区文化遗产资源丰富，保存现状不一，每年均有修缮工程，但没有出版过一本正式的修缮工程报告。规划编写古建筑修缮工程报告，内容不仅是现代建筑工程技术报告，还应该包括考古报告部分，记录伴随修缮工程所发现的历史信息。

该方面的规划需与本地区修缮工程计划对接，在每项工程的招标过程中单独划出考古报告编写部分，对具有考古发掘资质的单位进行招标，同时要采取相应措施保证修缮与考古两家单位在工作中相互结合，配合完成施工。

5.2.28.3　开展区域对比研究

嵩山地区以其天地之中的独特区位优势，成为了四方文化的汇聚之地，也在此有了新的发展和创造，体现在古建筑群布局、结构等多方面，需要在区域对比研究的视角下，更好地审视这一特点。拟研究的课题有：

郑州地区砖塔在整个中原北方地区的代表性以及与南方砖塔的对比研究；

嵩山三阙与四川地区墓阙的对比研究；

嵩山早期木结构建筑与山西、河北以及南方建筑的对比研究。

5.2.28.4　对建筑群文化背景的研究

在建筑群本体研究基础上，结合历史文献，深化建筑群所承载的文化思想的研究，展现登封地区多元文化的发展历史，拟研究的课题有：

嵩山"天地之中"确立的文化背景；

嵩山儒教文化与书院；

嵩山禅宗文化与寺院；

嵩山道教文化与道观；

嵩山地区民间信仰与社会组织。

5.2.29 曲河窑址

曲河窑址未做过正式考古发掘，材料多为采集而得，缺乏具有明确地层年代的实物资料。调查中，虽在曲河窑的中心窑址——登封窑发现数处窑炉，但均遭损坏，没有结构完整的窑炉发现。因此，建议对曲河窑址进行实地考古调查与科学发掘，解决窑炉形制与结构、烧造器物的演变与成熟、产品销售与传播等问题，并结合文献与实物材料，对曲河窑与禹州钧窑、汝窑的相互关系等问题进行探讨。

5.2.30 巩义窑址

以考古与研究材料为基本着眼点，结合地方志资料，梳理从汉代开始，巩义窑的陶瓷生产脉络、烧造工艺与交流、装饰艺术特点与变迁、对内销售与外销等，并以此带动郑州地区陶瓷史的爬梳，重申郑州在陶瓷发展史上的重要地位，推动中国陶瓷发展史的重新建构。

5.2.31 后周皇陵与宋陵

五代至北宋，正处于中国古代社会发展上的"唐宋变革"时期，后周帝陵与北宋皇陵正是透视这一时期最高等级丧葬文化特点、思想信仰变化的重要参考资料。针对后周帝陵与北宋皇陵的保护与研究现状，可开展以下工作：

对后周皇陵进行考古调查与研究，推动五代帝陵学术研究发展；

对北宋皇陵各陵园内部结构进行适当试掘，剖析各个陵园基本结构；

结合历史文献材料，并对比汉、唐、五代帝陵的考古与研究成果，开展汉、唐、五代、北宋帝陵丧葬制度演变等学术问题的研究。

5.2.32 巩县石窟

编写报告，配合景区改造工程进行窟前建筑局部发掘，完善石窟基础资料。

与北朝时期云冈、龙门、响堂山、天龙山石窟进行对比研究，解决巩县石窟修窟背景、样式源流、特点和影响等问题。

5.2.33 大运河通济渠郑州段

抓住中国大运河申报世界文化遗产的契机，进一步开展本段运河的考古调查和研究工作。建议采取普探和重点发掘相结合的措施，一方面积累本段运河故道的河道走向、河道宽度、深度等基本数据，一方面在普探的基础上，选取有重要遗迹现象的地点开展重点发掘，争取能发现码头、河堤等更多大运河重要历史遗迹；并对现存的相关文献、碑刻、舆图等做深入研究，了解本段运河在历史上的河道变化、相关事件及重要作用。通过进一步丰富的实物和文献资料，充分揭示大运河通济渠郑州段的宝贵价值和重要作用，为大运河申报世界文化遗产提供更加充足的历史依据。

5.2.34 窑沟瓷窑遗址

窑沟瓷窑遗址虽在20世纪60年代做过考古调查，但距今已近60年，资料较陈旧，建议对该遗址重新进行考古调查与试掘，并结合扒村窑与西关窑资料，推动对宋金时期民间瓷业生产与交流的研究。

第6章 管理战略

6.1 加强机构建设，提高专业人员水平

作为全国六个大遗址保护片区之一，郑州市应该在文物保护的机构建制和人员编制方面加强建设，壮大文物保护队伍，提高工作水平。一些价值重大的关键遗址应建立专门的保护管理机构；提高各市县文物保护部门的行政能力；扩大编制，引进专业、高水平人员，提高人员素质。

6.2 遗址管理工作要重点突出，兼顾全局

根据郑州大遗址片区的核心价值和文化特点，遗址管理工作重点关注支撑核心价值的各个关键遗址，在政策、经费、人员等方面给予一定倾斜；同时，完善日常管理、常规管理工作，照顾到片区内的所有遗址。

6.3 建立完备的文物安全执法队伍与法规体系

郑州大遗址片区的遗址数量多、价值大、分布零散，遗址安全执法是文物保护工作的难点之一。响应《文化部 国家文物局关于加强文物行政执法机构建设的通知》，扩大已经成立的文物执法大队人员力量，在交通、通讯、安防等设备方面实行高配置；在各市县建立文物执法分队，形成文物执法队伍体系，

保障郑州大遗址片区遗址安全。

尽快健全和完善大遗址保护法律法规体系建设，加快完成《郑州大遗址保护管理条例》和各个重要遗址的保护规划、保护方案编制工作，为大遗址保护奠定坚实的法规体系基础，提供法律、法规支撑，使大遗址保护有法可依。

6.4 建立国内首家示范性文物库房

可移动文物出土后需要转移至库房进行保存。良好的库房是可移动文物保护与利用的必要条件。从世界范围而言，良好的文物库房不但应具有可移动文物保护的基本条件，也同时是博物馆展览展品基本素材的检索地与展品提取地，还应是研究者的实物研究观摩场所。

示范性文物库房的关键要素主要包括存放条件、入库制度、登记检索制度、专业人员与设备、安防技防设施、调阅制度等。因此，建立示范性文物库房应满足以下条件：

要有满足控温、控湿、无尘等要求的存放条件。要根据不同材质可移动文物的需求设计房屋，满足不同材质、类型文物的保存、陈列、展示和研究的各种需求。

要有严格的入库制度。考古发掘后，所有出土文物都需要有数码照片和文物测量数据，精心保护处理后包装存放在统一规格的文物箱内。文物箱每个立面都需要有编号卡片以便快速检索和提取。

要有规范的登记检索制度。每个库房内的文物存放都要有详细的档案与摆放记录，电子档案与纸质档案相结合。每件器物都有统一尺寸的说明牌，满足展陈和快速检索需要。

要有充足的专业人员与设备。文物库房需配备专业文物保护人才，运用专业设备进行管理和保护。能够针对不同材质文物的保存需求进行妥善保存和修复，能够通过运用技术手段及时发现文物出现的问题并及时修正，将库房内文物的自然破坏因素控制在最低范围。

要有完善的安防技防设施。应配备完善的安防技防设备，进行无缝隙监控、监测，避免因人为因素造成的文物遗失和自然因素对文物造成的损坏，建立完善的防盗、防火、防水、防雷、防风化以及防病害等措施，确保文物安全。

要有规范、便捷的调阅制度。如因学术或其他需求需要调阅库存文物时需向库房管理机构提出预约，批准后方可前往库房调取文物进行研究。

作为全国六大大遗址片区之一，郑州市的可移动文物类型齐全、数量众多，是郑州大遗址片区遗产资源的重要组成部分。郑州有必要、也有条件建立一至两个示范性可移动文物库房，同时建立国内示范性文物库房的管理机制。这一示范性库房的建设与相应管理机制的确立，不但将在硬件建设之外提升郑州大遗址片区的软实力，更将作为全国大遗址片区乃至全国文博界的先行者，确立可移动文物的保存方式与技术路线，进一步丰富、完善文博保护、利用事业的"郑州模式"。

第7章　展示利用战略

7.1　战略综述

根据郑州大遗址片区文物资源一般面积较大、时代较早、多以土遗址为主的特点，综合考虑郑州积极开展新型城镇化建设、打造中原经济区核心增长区和世界历史文化名城建设的大背景，郑州片区展示利用的战略指导思想是：保护为主，展示为重；统筹策划，借力发展。通过还原大遗址历史生态环境，运用现代化手段对重要文物进行保护、展示和利用，形成遗址保护与生态保护相结合、文化展示与环境提升相结合的内涵丰富、环境宜人的历史文明生态展示园区。

7.1.1　依托已有发展规划整合遗址展示利用格局

根据《国务院关于支持河南省加快建设中原经济区的指导意见》［国发（2011）32号］、《中原经济区规划（2012—2020）》、《河南省"十二五"旅游产业发展规划》、《郑州市城市总体规划（2010—2020）》、《郑州市旅游产业发展总体规划（2012—2020）》等规划，参考重点文物保护单位已有规划，结合本战略规划提出的核心价值和关键遗址，以遗址历史价值的发掘和传承为核心，在区域统筹、综合利用的基础上，借助已规划园区、重点项目、旅游线路等，提升遗址总体展示格局，落实遗址利用范围、路线和展示方式，使本规划内容在已有基础上持续有效地发挥战略指导作用。

7.1.2 依托关键遗址，建立特色遗址展示利用园区

突破传统上依托单个遗址进行展示、利用的发展模式，紧扣郑州大遗址片区核心价值，以体现郑州大遗址片区核心价值的关键遗址为依托，以相同类型遗址为支撑，结合当地资源、经济条件，重点建设几个有特色的遗址展示和利用区域（具体参见本规划7.2部分），带动整个郑州大遗址片区的遗址展示、产业开发以及当地文化经济、文化旅游的发展。

7.1.3 依托遗址展示利用，加快世界历史文化名城建设

跟踪并及时采纳国际领先的展示方式，积极利用现代科技手段，不断探索遗址利用和发展的新形式、新方法。通过大遗址保护特色园区建设，保护和传承优秀历史文化遗存，不断提升城市文化内涵与知名度，加快世界历史文化名城建设。

7.1.4 依托遗址展示利用，改善居民生活实现文物保护惠及于民

避免简单的"圈地—搬迁—收门票"的发展模式，通过遗址展示利用，引导当地产业模式的转换，促进当地居民参与遗址的保护、利用，寻求遗址保护利用与经济发展、民众文化生活丰富相协调的良性发展之路，达到文物保护人人参与，保护成果人人共享，实现保护成果惠及于民的最终目的。

7.1.5 依托遗址文化内涵，推动文化创意产业的发展

重视以郑州大遗址片区关键遗址为依托、体现郑州大遗址片区核心价值的文化创意产业的发展，开发形式多样、价值关联、富有特色的文化创意产品。

7.1.6 依托遗址保护利用，促进文化遗产向社会教育资源的转化

充分发挥遗址作为教育、研究基地的作用，及时将遗址历史、文化和社会价值向公众知识进行宣传，特别是将郑州大遗址片区的价值和文化内涵纳入当地学校教育体系，引导广大青少年认识郑州大遗址片区的价值和文化内涵，激发郑州市青少年热爱家乡、热爱祖国的情怀。

7.2 重点项目

7.2.1 以老奶奶庙遗址公园为中心的人类起源与环境变迁展示区域

7.2.1.1 展示思路

现代人类的起源、发展和未来可能的演变及其与自然环境之间的关系，是人类关注的共同话题。展示区依托郑州地区400多处旧石器时代遗址，选取地区内遗址分布密集并具有区域完整性的樱桃沟河谷区域，以老奶奶庙遗址为中心建设遗址公园，借鉴"迪斯尼公园"的具体形式和技术，展现人类起源与环境变迁之间的关系，探索人类未来的发展方向。结合《郑州市旅游产业发展总体规划》及樱桃沟景区相关旅游规划，将这一区域打造为郑州西南郊区集教育、休闲、观赏于一体的文化景观区域。

以老奶奶庙遗址为中心建设遗址公园，依靠考古发现的资料和科研成果，以现代化的科技手段展现人与环境之间的关系，将传统的展馆展示与现代技术和演绎方法相结合，激发观众对人类发展和环境关系的思考。

7.2.1.2 展示格局

以樱桃沟所在的贾鲁河上游河谷地带为主体展示区域，选择老奶奶庙遗址为中心建设遗址公园，以河谷内其他40余处新发现的旧石器遗址为展示支撑点，通过沿河道路贯穿、结合樱桃沟自然环境和遗址考古现场，形成以老奶奶庙遗址为中心，以点带线，以线贯穿其他展示点的基本展示格局。

以关键遗址织机洞遗址、西施遗址、赵庄遗址、李家沟遗址作为展示区向外辐射的扩展游览点，配合展示人类起源与环境变迁主题，在整个市域范围内形成以中心带周边扩展点的基本展示格局。

7.2.1.3 展示中心——老奶奶庙遗址公园

展示中心是一座依托遗址，以人类起源与环境变迁为主题，综合管理研究机构、传统博物馆陈列与现代化科技表现手段的遗址公园，主要包括人类起源研究所、展馆和遗址公园三部分：

7.2.1.3.1 人类起源研究所

研究所不仅是一个科研机构，还为展馆和主题公园的展示内容提供科学支撑，在综合研究郑州地区旧石器时代遗址的基础上，分阶段复原人类发展及环境演变过程。

7.2.1.3.2 展馆

在馆内现场展示老奶奶庙考古遗址，配合介绍郑州地区其他旧石器时代遗址，除展示已有的考古资料、研究成果外，还引导"人类起源与环境变迁"的参观主题，激发参观者的求知欲望，作为游览主题公园的序曲。

7.2.1.3.3 遗址公园

遗址公园作为展馆多媒体展示、观众互动等环节的扩展，在人类起源与环境变迁的主题基础上，通过现代科技手段，让游客参与其中，在游玩娱乐中体验早期人类在当时环境中的生产、生活方式，演绎其不同阶段的发展过程，探索未来人类的发展趋势。

7.2.1.3.4 遗址公园展示形式示例

展示形式的核心是"寓教于乐"，在本规划中，结合人类起源与环境变迁主题，可在园区内设计相关的互动展示设施，如：

丛林穿梭——在郑州旧石器时代某一阶段环境复原的背景下，穿越时空，置身于当时的环境之中；

动物驯服——选择郑州地区考古发现的几种驯化动物，在气床上设置相应的电动模型，模拟驯服动物的状态，供游客体验；

投石掷刃——模拟早期人类使用石器猎杀动物的投掷类游戏；

洞穴探险——模拟早期人类洞穴场景，以探险形式供游客体验；

江河纵横——水上项目，通过回环的水道设计，让游客体验河流改道、大水肆虐的环境变迁场景；

未来世界——科幻演示未来人类的可能相貌和生活习惯，游客可参与设计。

7.2.1.4 区域展示线路

7.2.1.4.1 区域与外界交通

与郑州环城高速G3001对接，在高速公路此路段增建出入口，配合服务区的建设，建成进入展示区前的停车场、服务中心和旅游巴士换乘站。

7.2.1.4.2 区域内部交通

根据《郑州市旅游产业发展总体规划》，结合"郑密路旅游中线景观大门建设"及"樱桃沟河道治理及绿化工程"，将区内主要交通干道Y018改建为两车道旅游干线。配合"景区农家乐形象提升工程"，统一整改道路两侧的农家乐，建议保留兼有饮食、住宿性质的民宿经营模式，但需与整个景区规划协调，避免违法经营和乱搭乱建。

在区域内各遗址点修建参观步行道，与旅游干线对接，遗址点多在二级台地上，步行道坡度需小于15度，便于参观和日常巡检、防灾。

7.2.1.5 区域展示形式

7.2.1.5.1 遗址剖面与模型结合展示

针对旧石器遗址发掘面积小、地层堆积厚、遗物观赏性不高的特点，遗址点展示采取地层剖面展示与主要文化层翻模展示相结合的形式，配合模型上标志说明，系统介绍文化层堆积和各类型遗迹分布。

织机洞遗址、西施遗址、赵庄遗址、李家沟遗址等扩展遗址点也建议采用这种展示形式。

7.2.1.5.2 景观展示

建议在部分景观较好的遗址点，配合樱桃沟景区规划，设立面对沟内的观景平台，展现遗址所在环境。

7.2.2 以西山考古遗址公园为中心的城市文明发展展示区

7.2.2.1 展示思路

依托《国务院关于支持河南省加快建设中原经济区的指导意见》及《中原经济区规划》"黄河文化旅游带"重点景区建设，以西山遗址为核心，结合大师姑遗址、荥阳故城遗址、小双桥遗址、汉霸二王城，形成黄河（及大运河通济渠郑州段）沿线相对集中的展示体验区，向外连接新密古城寨、新郑望京楼、荥阳娘娘寨、京襄城遗址、苑陵故城遗址等，形成辅助性的卫星展示区，综合展示郑州在中国城市文明发展历史中的地位和作用。

7.2.2.2 展示格局

7.2.2.2.1 展示中心区

利用西山遗址便利的区位、交通条件，依托西山遗址及其周边可用土地资源，建设西山考古遗址公园和城市文明发展博物馆，依托荥阳古城遗址建设城市文明体验区。各个具体选址要在下一步工作中，依据保护规划在保障遗址本体安全的前提下开展。

7.2.2.2.2 周边支撑展示区

依托大师姑遗址、荥阳故城、小双桥遗址、汉霸二王城四个遗址，每个遗址点作为一个展示节点，形成围拱西山展示中心区的支撑展示区。

7.2.2.2.3 辐射展示区

将新密古城寨、新郑望京楼、荥阳娘娘寨、苑陵故城遗址和京襄城五处遗址的每个遗址点作为一个展示节点，形成卫星展示区，以西山考古遗址公园为信息中心和导览中心，引导感兴趣的公众到各个节点参观，辅助支撑展示。

7.2.2.3 展示中心区

依托西山遗址及周边地块，建立西山考古遗址公园和城市文明发展博物馆。

7.2.2.3.1 西山考古遗址公园

以西山遗址及其周边历史环境为核心，规划、设计遗址公园，满足遗址保护、考古研究、公众参观等多重需求，并作为辅助展示区的介绍和导览中心。

7.2.2.3.1.1 阐释和展示系统规划

全面了解西山遗址的面貌特征、文化性质、聚落形态、社会组织、丧葬习俗、生态环境、与周边文化关系等诸多问题，评估其重要价值，开展阐释和展示系统的整体规划，使之成为遗址展示和公园建设各个环节的指导。

7.2.2.3.1.2 城墙规划

西山遗址作为目前发现的最早的夯筑城址，其城墙是最重要的遗存之一。城墙整体以地面标识方式展示，利用先进技术和材料，在地标标识出整个城墙的范围和规模，使之成为西山遗址和郑州市最具特色的地标性构筑物之一；具体选择节点作城墙剖面展示，并结合小规模实验考古活动场地，展示夯筑技术的起源、技术特点、及其在中国古代城市发展史上的重大意义。

7.2.2.3.1.3 遗址区规划

在考古勘探、发掘的基础上，理清遗址区内的主要遗迹分布和分区情况，对主要遗迹进行统一规划展示，在确定没有遗迹的地区可依据需要适当建设卫生间、小型游客服务点等公共设施；考古遗址公园的建立是为了促进和保障考古工作，在未来考古发掘工作中，可配合考古发掘工作进行临时的局部展示。

7.2.2.3.1.4 道路规划

统一规划公园内的交通系统，对道路材质、交通标牌、道路绿化等进行统一设计，提示周边重要遗址分布。

7.2.2.3.2 城市文明发展博物馆

利用西山遗址周边可用土地资源建设城市文明发展博物馆，着眼于东西方城市的发展历程，反映城市在人类文明进程中的重要作用，在相互对比中加深对东西方不同文明的认识，促进对于文化多样性的理解，加强城市之间的友好往来，在回顾历史中展望未来，以开启城市文明的新篇章。根据功能定位，建设配套的游客中心、停车场、餐饮、住宿、娱乐等基础服务设施，具体选址参考保护规划要求。

7.2.2.4 城市文明馆

建设城市文明馆，完整展现中西方城市发展与古今城市关系，探索未来城市发展方向，也作为整个展示区的引导中心，其主要内容包括以下几个方面：

7.2.2.4.1 城市文明

重点展示东西方城市的特质，在对比中让参观者了解东西方城市的产生、成长和壮大的历程，理解东西方文明在城市中的表现；

7.2.2.4.2 东亚城市的智慧

重点展示中国古代城市的发展历程及其在东亚地区的影响，包括：

中国古代城市的起源——黄河流域与长江流域不同的城市形态；

中国古代城市的演变——夯土版筑技术对于中国古代城市的深远影响、城市发展的主要阶段性特点；

八大古都——通过重点展示八大古都，加深对中国古代城市文明的认识；

东亚古代城市——日本、韩国等国的主要的古代城市；

东亚城市的智慧——城池的选址、修筑技术、防御设施、都城与地方城市的规划思想等；

7.2.2.4.3 未来城市

重点展示世界范围内当代城市发展的机遇和挑战。城市不仅给人们带来美好的生活，同时也遇到了诸多的难题。"如何让城市生活更美好"这一课题，国内外都在不断探索。

7.2.2.4.4 友好城市

随着郑州建设国际化城市进程的深化，郑州与国际间的交往不断增多，需要有一个专门的展厅展示郑州的友好城市，并设置临时展厅，定期举办友好城市的临时展览，增进友好城市之间的合作。

建议在城市文明馆展馆之外设置友好城市广场，并留有可拓展的空间，设置友好城市的标志性雕塑等。

7.2.2.5 城市文明体验园区

依托荥阳古城遗址建设城市文明体验园区，主要包括制陶、制瓷体验区，印刷、装帧体验区，纺织、印染体验区，冶炼、铸造体验区，传统建筑体验区，古代交通工具体验区和艺术创作体验区。

7.2.2.5.1 制陶、制瓷体验区

采用传统制陶、制瓷材料、工具与烧造方法，让大众参与陶器、瓷器的全过程，亲身体会我国古代先民在陶瓷器制造领域的传统技法。

7.2.2.5.2 印刷、装帧体验区

印刷、装帧为中国古代文化传播提供了媒介，造纸术和印刷术更因其对人类文明所做出的巨大贡献而被列入"四大发明"之中。上述传播媒介技术的发明、发展和传播，是中国传统文化的重要内涵之一。该体验区让大众亲身参与造纸的各阶段流程、体验不同形式的印刷和装帧方式。

7.2.2.5.3 纺织、印染体验区

结合传统纺织、印染工艺，为大众呈现传统纺织、印染程序流程，使之能够深入了解和亲身参与传统纺织、印染工作的全过程。

7.2.2.5.4 冶炼、铸造体验区

以多媒体解说为基础，通过现场指导让大众现场观摩或亲身参与传统冶炼、铸造技法，充分发挥大众对传统技法实地观摩、亲力亲为体验活动的吸引力。

7.2.2.5.5 传统建筑体验区

传统建筑体验区是在发挥现存建筑实物、文献等的丰富文化底蕴的基础上，根据中国古代建筑的特点，设计古代建筑技术体验的教材、教具，应用于传统建筑体验区并不断改进；使公众在亲自动手体验中，深刻认识中国古代建筑的魅力。

7.2.2.5.6 古代交通工具体验区

人类社会的发展和人们的日常活动，诸如生产活动、贸易往来、社会交往和信息传递等都离不开交通。我国陆疆广大、河湖众多、海域辽阔，有着发展水陆交通的优越条件。数千年来，中华民族在交通工具方面有众多的发明创造，如马车、舟船等，对人类文明影响深远。通过复原制作一批反映中国古代

交通发明创造的马具、车、船模型，供大众组装和实地操作，让大众体验古代科技在交通工具上的应用。

7.2.2.5.7 骨木雕刻、艺术创造体验区

通过多媒体讲授传统骨木雕刻历史与主要技法，调动大众通过参与骨木雕刻进行艺术创造的好奇心和积极性。不仅丰富了园区内的多种体验形式，客观上也有利于非物质文化遗产的传承和保护。

7.2.2.6 区域展示形式

7.2.2.6.1 遗址展示

对地面保存部分城垣、夯土台的城址进行城墙原状展示及绕城环游展示，包括大师姑、荥阳故城、小双桥、新密古城寨、新郑望京楼、娘娘寨、苑陵故城、汉霸二王城和京襄城等遗址。在遗址地表标识出遗址的规模、形制，城址的标识重点在城墙、城壕、道路系统和城内重要区域。可适当采用现代材料，标识装置具有可逆性和可识别性，避免各个遗址标识方式和材料类同，结合各遗址文化内涵和特点，形成具有特色的大地标识。

7.2.2.6.2 景观展示

依托古遗址现有景观，逐步改善周边植被环境，在有效控制植物根系发展、保障对遗址本体不造成威胁的前提下，充分发挥耕地的生态、景观和间隔功能，打造文物景观、生态景观和耕作景观交相辉映，具备特色生态风情的展示景区。尤其是汉霸二王城遗址，濒临黄河、中隔鸿沟，处于展示区的南北中心，当结合历史背景重点打造其文化景观。

7.2.2.6.3 博物馆展示

对发掘面积较大，揭露遗迹类型较为完整的遗址可建设遗址博物馆进行现状展示，并依托遗址特点，建立不同主题博物馆，集中展示各个节点文化内涵。

7.2.2.6.4 解说系统

综合利用说明牌、遗址现场多媒体解说设施、现场增强显示设施等遗址现场固定设施，以及解说手册、便携式导览（智能手机）等可移动、可携带设施，形成形式多样、内容充实、风格统一的解说系统。

7.2.2.6.5 活动与表演展示

以考古研究成果为蓝本，设计开发实景表演和多种参与性、互动性强的活动，让游客在表演、活动中感受遗址的悠久历史和文化内涵。

7.2.3 以郑州商城遗址公园为中心的中国古代王都展示区域

7.2.3.1 展示思路

郑州商城是早商时期的商王朝都城,也是同时期全世界最大的城址,对于郑州市建设"世界历史文化名城"具有重要意义。

本规划在衔接郑州商城遗址公园已有规划和建设项目的基础上,从区域视角出发,强调郑州商城与其他都城间旅游线路的打造。以郑州商城为中心,与郑州市域范围内王城岗遗址、新砦遗址、小双桥遗址、郑韩故城等具有"王都"性质的遗址结合在一起,打破地域和时间的限制,借助郑州市区位优势,贯通东西开封、安阳、洛阳、西安几大都城遗址,率先建设中国古都博物馆,成为中国古代都城游览线上的中心展区和导览枢纽。

7.2.3.2 展示格局

为协调遗址保护与城市发展,展示区实体范围严格遵循《郑州商代都城保护规划》所公布的保护范围。

展示区的空间外延分为两级:一级是在郑州市域内,与王城岗遗址、新砦遗址、小双桥遗址、郑韩故城间的展示线路连接;一级是在市域外,根据"加强文物保护工作,统筹做好洛阳、安阳、郑州、开封等地的遗址保护和利用,探索大遗址保护机制"的指导意见,结合《中原经济区规划》"洛阳—郑州—开封—安阳—邯郸中原古都文化游"线路,与郑州东西都城遗址的展示线路连接。形成以郑州商城遗址公园为中心,通过展示线路向外扩展的多层级展示格局。

7.2.3.3 展示中心——郑州商城遗址公园

按照《郑州商代都城保护规划》,商城遗址公园以城垣遗址保护展示绿带串连七个展示分区八个展示节点,其中重点是东南角城垣遗址公园和宫殿区遗址公园,形成"一带七区八节点"的总体展示空间结构。

7.2.3.3.1 南城垣西段遗址展示区

重点展示城垣西南角遗址和南城垣遗址西段,依托遗址展示整合书院街文化产业和熊耳河滨水绿化景观空间。

####### 7.2.3.3.2 城垣东南角遗址展示区

重点展示地面墙体保存最为完整的城垣东南角遗址（包括西城垣东段和东城垣南段），重点建设包括商都博物馆在内的东南角城垣遗址公园，全面集中展示郑州商城遗址的商文化和各类历史文化遗产，同时整合南侧的熊耳河滨水绿化景观空间。

####### 7.2.3.3.3 东城垣中段遗址综合展示区

重点展示东城垣中段遗址，并将遗址展示与周边其他历史文化遗产（文庙、城隍庙、汉城垣遗址）的展示，以及整体历史文化环境的营造加以整合。

####### 7.2.3.3.4 宫殿区遗址公园展示区

重点展示宫殿区的宫殿基址、宫城城垣遗址、人头骨壕沟遗址和供水系统遗址。其中，宫城城垣遗址应在遗址本体展示基础上展示宫城城垣的完整性，体现郑州商城的商代王都性质和三重城垣的整体格局；以宫殿区遗址公园整合北城垣北段遗址展示和其他文化博览观演设施（如商都艺术馆等）。

####### 7.2.3.3.5 紫荆山城垣遗址公园展示区

重点展示位于紫荆山公园内的北城垣遗址东段残留地面墙体，在保持现有城市公园景观环境框架的同时，重点营造城垣遗址保护范围内的遗址保护展示主题景观。

####### 7.2.3.3.6 北城垣西段地下城垣遗址展示区

重点展示北城垣遗址西段的地下基址，结合老省博地段的商业设施建设，探索地下遗址展示与商业空间建设的结合点，为城垣地下遗址展示向西的延伸提供先例，并形成与金水河滨水绿带的空间景观联系。

####### 7.2.3.3.7 西城垣遗址展示区

以三角地公园的城垣地面墙体遗存展示为核心，形成沿杜岭街和北顺城街的城垣遗址保护展示绿带。

####### 7.2.3.3.8 展示节点

分别设置紫荆山公园商代城垣遗址展示节点、黄委会商代宫殿遗址展示节点、商都艺术馆地段城垣地下基址考古发掘和现场展示节点、东大街与城东路交叉口商代城门遗址展示节点、南城垣紫荆山路城墙断面展示节点、西南城角夯土城墙展示节点、夕阳楼公园节点和三角公园展示节点。

7.2.3.4 中国古都博物馆

建设中国古都博物馆，全面展现我国各时期都城的发展历史，集科学研究、文博展览、文化产业开发于一体。强调博物馆在中国古都文化旅游导览中的作用，使之成为了解中国古都最全面、最便捷的窗口。

将郑州市文物考古研究院作为中国古都博物馆的科研支撑机构，将已经规划的商都博物馆和商都宫殿区遗址博物馆作为中国古都博物馆的展示分馆。

7.2.3.5　区域展示线路

7.2.3.5.1　与王城岗遗址间展示线路

利用郑少洛高速公路，修建从告成镇出入口至王城岗遗址的旅游公路，同时这也有助于中国古代王都展示区与观星台天文体验园区的衔接。

7.2.3.5.2　与小双桥遗址间展示线路

借助市区交通线路，开通由中国古都博物馆至小双桥遗址间的旅游专线，这也有助于中国古代王都展示区与中国文明起源展示区的衔接。

7.2.3.5.3　联通东西古都的展示线路

将经过郑州并贯穿东西的连霍高速作为主要干道，在与南北干道京港澳高速公路交接处修建古都文化导览服务区，吸引游客以郑州商城遗址公园为中心展开中国古都之旅。

7.2.3.6　区域展示形式

以城址为主的遗址公园展示形式同时适用于郑州商城遗址、王城岗遗址、小双桥遗址等。

7.2.3.6.1　整体性的城垣遗址保护展示绿带

规划整体性的城垣遗址保护展示绿带，凸显城垣遗址的完整性和宏大气势。

7.2.3.6.2　特色灌木带

利用密植灌木带展示城垣遗址地下基址的位置、范围和城垣遗址完整性。

7.2.3.6.3　历史文化散步道

规划城垣遗址历史文化散步道，强化城垣遗址的游人展示和步行动态观赏体验，实现城垣遗址与周边其他考古遗址（宫殿区遗址、窖藏坑遗址等）的系统整合。

7.2.3.6.4　木栈道建设

局部区段安排专门的木制栈道和登城观景平台，避免对城垣墙体及保护草被的人为践踏；除局部地段专门的木制栈道和登城观景平台外，现有城垣遗址地面墙体严禁登临行走；木栈道的规模应严格控制，并应避免建设过程中对遗址本体的破坏。

7.2.3.6.5 夜景照明

通过对城垣遗址地下基址标识界桩和特色密植灌木保护带的夜景照明，展示城垣基址的位置和宽度。

7.2.4 以郑韩故城城市公园为中心的城市文明展示区域

7.2.4.1 展示思路

展示区利用郑州地区古代城址数量多、类型丰富、年代涵盖较全的这一优势，依托郑韩故城这座古今叠压且城垣保存较好的城址，串联其所在双洎河（古洧水）与黄水河（古溱水）流域内的其他遗址，形成城市文明展示区域。

郑韩故城既是古代城市，也是今新郑市所在，城市本身既是文化遗产，又具有现代功能。结合《郑韩故城保护规划》，将古今城市作为一个整体，打造享有现代生活的"城市公园"。

7.2.4.2 展示格局

展示区范围包括新郑市区、西部双洎河流域及北部黄水河流域，可分为三大片区。

7.2.4.2.1 展示中心区
以两河交汇区域郑韩故城为核心，辐射周边王陵和墓葬区。

7.2.4.2.2 城市文明发展体验区
以双洎河流域的赵庄遗址、人和寨遗址、裴李岗遗址、新砦遗址、古城寨遗址一线分布的城址、居址为主，现场体验新石器时代以来城市文明发展脉络的游览区。

7.2.4.2.3 往北游览辐射区
沿黄水河往北向郑州方向辐射的游览区域，包括沿线的望京楼遗址、金钟寨遗址、王垌遗址、华阳故城、后周帝陵等遗址。将郑州市附近的郑州商城遗址、小双桥遗址、荥阳故城遗址、大师姑遗址、白寨遗址、京城古城址等关键遗址点作为展示区的扩展游览点。

7.2.4.3 展示中心——郑韩故城城市公园

郑韩故城城市公园既是将古代城址以公园的形式展示，又是将现代城市作为一个公园统筹规划，一个城市即一个公园，即公园城市。结合《郑韩故城保护规划》，其主要策略如下。

7.2.4.3.1 城墙规划

郑韩故城城墙展示与环城绿化统一规划，将断续的古城墙以绿带贯通，形成环城绿化区。

7.2.4.3.2 道路规划

古城道路体系与现代城市交通系统统一规划，对现代道路标牌、红绿灯系统、公交车系统、道路绿化统一设计，提示古代道路位置及周边遗址分布。

7.2.4.3.3 大型遗址区规划

古代宫殿、宗庙、祭祀区与现代城市公共场所统一规划，对考古钻探所示的古代城市主体功能区进行整体设计，建设现代城市广场、绿地、遗址博物馆等公共设施，并配合考古发掘工作进行局部展示。

7.2.4.3.4 建筑风貌规划

城市建筑风貌统一规划，控制新建、改建项目要求，对建筑样式、高度、色调统一设计，逐步改造现代城市建筑景观，特别是道路沿线的建筑风貌。

7.2.4.4 区域展示线路

7.2.4.4.1 区域与外界交通

依托《郑州市城市总体规划（2010—2020）》"郑新快速通道建设项目"，连接该展示区与郑州，将郑州附近的郑州商城遗址、小双桥遗址、荥阳故城遗址、大师姑遗址、白寨遗址、京城古城址等关键遗址点纳入展示区的扩展游览范围。

7.2.4.4.2 区域内部交通

改善城市文明发展体验区内交通现状，修建沿河一线联通各遗址的旅游通道，与新密市对接，形成新郑、新密二市间的游览专线。

往北游览辐射区交通借助郑新快速通道，局部改造遗址分布路段道路设施，修建观光辅路，达到遗址与交通的对接。对望京楼段交通进行重点改造，在南北1千米范围外修建路侧停车场，在望京楼遗址附近修建路侧观光平台，停车场与观光平台间以步行道连接。

7.2.4.5 区域展示形式

7.2.4.5.1 遗址展示

对地面保存部分城垣、夯土台的城址进行城墙原状及绕城环游展示，包括新砦遗址、古城寨遗址、人和寨遗址、华阳故城等遗址。

7.2.4.5.2 景观展示

对具备鸟瞰和远景展示条件的遗址，结合当地自然景观进行展示，包括郑韩故城周边王陵、望京楼遗址等。

7.2.4.5.3 博物馆展示

对发掘面积较大，揭露遗迹类型较为完整的遗址建设遗址博物馆，进行现状展示，包括裴李岗遗址等。

7.2.5 以登封"天地之中"历史建筑群及其周边遗址为中心的华夏传统文化展示区域

7.2.5.1 展示思路

展示区借助登封"天地之中"历史建筑群评为世界文化遗产的契机，结合《郑州市嵩山历史建筑群总体保护规划》及各建筑点保护规划，以登封"天地之中"历史建筑群及其周边遗址为中心，带动周边区域文化遗产的利用，将巩义嵩阴地区与登封嵩阳地区统一规划，实现嵩山多元文化环线展示，成为河南省郑州、洛阳两座历史文化名城之间的集观光、学习、休闲、体验于一体的人文景观区。

7.2.5.2 展示格局

展示区分为嵩山南北两大片区，两片区分别在登封与巩义城区内建设导览中心，带动区域内各游览点的展示，形成以点带面的基本格局。

登封"天地之中"历史建筑群中，观星台地理位置独立且价值独特，后章对其有专项的园区建设规划，本展示区不包括观星台所在的告成镇范围。

7.2.5.2.1 登封片区

7.2.5.2.1.1 东部儒道文化展示区

以太室阙、中岳庙为核心，与启母阙和嵩阳书院等建筑组成的展示区域。

7.2.5.2.1.2 西部佛教文化展示区

以少林寺为核心，与会善寺和嵩岳寺塔等建筑群组成的展示区域。

7.2.5.2.2 巩义片区

7.2.5.2.2.1 北部石窟人文景观区

以巩县石窟为核心，结合洛汭湿地的自然环境展示区域。

7.2.5.2.2.2 中部市民文化展示区
以巩义市区为轴,将城东巩义窑区和城西康百万庄园联系的展示区域。

7.2.5.2.2.3 南部帝陵文化展示区
以宋代各陵为核心,结合嵩山自然环境的展示区域。

7.2.5.3 导览中心

在市区内建设导览中心,方便游客第一时间到达,对片区文化遗产进行系统介绍,引导游客游览线路。导览中心主要面对日渐增多的背包散客、自驾游客,旨在提高环嵩山文化遗产的导览设施,提升游客的自主性和参与性,包括以下两部分内容。

7.2.5.3.1 环嵩山文化遗产景点介绍与线路设计系统

环嵩山文化遗产景点介绍应请相关领域权威专家对各点的基本情况、核心价值做简要介绍,并配有图片影像资料作为补充,使游客在游览前对景区有整体性的认识,可以自己选择游览点。

根据游客的选择,系统可提供如旅行线路、时间、注意事项、经费等参考指标,并配合游客意愿进行优化,以使游客有更强的自主性和参与性。系统可在馆内与游客的手机、电脑对接。

7.2.5.3.2 嵩山地区历史时期人文景观发展变迁模盘

借助环嵩山地区丰富的文献资料,并结合考古发现,通过学术研究,阶段性地复原历史变迁场景,通过模盘,配合光影成像技术展现。

7.2.5.4 区域展示线路

7.2.5.4.1 区域与外界的交通

发挥展示区位于郑州与洛阳之间的区位优势,借用其对外交通的历史延续性,打造文化景观廊道,带动区域旅游。

7.2.5.4.1.1 巩义片区对外交通

利用连霍高速公路,打造"古代东西主干道",在高速沿线设计标语、展板提示游客所处古道背景,提升展示区整体文化氛围,在各景点出口处设置图像和语音标识对景点进行说明。

7.2.5.4.1.2 登封片区对外交通

利用郑少洛高速公路,打造"古代嵩山朝圣道",部分路段结合自然景观设置景观廊道,在高速服务区建设景观平台,配合山体景观标识展现嵩山朝圣古道。

7.2.5.4.2　区域内部环山交通线路

嵩阴、嵩阳两区之间，现缺少旅游环线。根据《郑州市城市总体规划》，环山旅游交通可部分借助现有国道207和省道237，并在其间修建东西向的旅游交通道路，形成环绕嵩山的主要游览道路。

道路两车道为宜，通过城市整体规划，使这条线路逐渐脱离交通运输功能，形成独立的环山景观通道，道路两侧应具有良好观景条件，种植低矮灌木为宜。

7.2.5.5　区域展示形式

7.2.5.5.1　博物馆展示

依托区域内文化遗产类型的丰富性，建设专题博物馆，建议设置中国佛教博物馆、中国书院博物馆、中国古塔博物馆、中国道教博物馆、宋陵博物馆、中国陶瓷博物馆和中原民俗博物馆。

中国佛教博物馆——依托少林寺，以禅宗文化展示为主体，配合展示佛教文化的发展史。

中国书院博物馆——依托嵩阳书院，将中国各地区的大书院及其相关人物、思想及著作配合展示。

中国古塔博物馆——依托嵩岳寺塔，展示塔的源流、类型等内容，将嵩山地区古塔与中国其他地区同类型古塔对比展示。

中国道教博物馆——依托中岳庙，展示中国道教文化发展史，介绍郑州地区道教遗迹的分布与现状。

宋陵博物馆——依托宋陵，展示宋陵历次调查发掘的文物，配合介绍中国陵寝制度和宋陵的具体情况。

中国陶瓷博物馆——依托登封窑址设置，对古代瓷器手工业作坊、瓷窑遗址进行复原，结合出土的陶瓷器标本，系统展示。打造陶瓷艺术区，吸引一定量的陶瓷艺术家入驻，推动当代新型陶瓷艺术品创作，设立公众体验区，吸引游客以郑州地区传统登封窑、巩义窑、密县窑等烧造工艺，自行进行瓷器制作。

中原民俗博物馆——依托康百万庄园，通过实物、表演以及虚拟展示，表现以郑州地区为代表的中原民俗，建议纳入郑州地区非物质文化遗产的相关展示。

7.2.5.5.2　原状展示

对地上现在保存良好的文物建筑、附属设施、古树采用原状展陈的方法进行展示。

####### 7.2.5.5.3　遗址展示

在考古研究的基础上，对清理后的遗址，利用遗址上残存的遗迹设置标志性的小品。待进行考古发掘后，可视具体情况进行适当的地面标识来展现其布局特点，不建议复原展示。

####### 7.2.5.5.4　活动与表演展示

在佛寺等宗教建筑中进行僧人礼佛仪式等活动的展示，在中岳庙前广场定期举行传统庙会，让游客在延续至今的仪式、民俗活动中感受登封"天地之中"历史建筑群的文化内涵。

####### 7.2.5.5.5　景观展示

把各个文化遗产单位所处的山林水道作为以自然风光为主的区域进行展示。突出本风景区对周围山林风光的特殊观赏角度和良好的位置，通过适当的标识提示，展现对嵩山太室、少室、峻极峰等山峰的观赏视廊。

####### 7.2.5.5.6　文化宣传

根据《国务院关于支持河南省加快建设中原经济区的指导意见》建设"世界遗产保护研究基地"。

兴办学校：少林武校，嵩阳书院。

举行活动：嵩山论坛——中华文明对话世界文明，郑州国际少林武术节，"禅宗少林·音乐大典"提升工程。

拍摄纪录片：以大型纪录片展现嵩山文化及历史遗产。

创办"嵩山文化研究会"：定期组织专家学者参加学术研讨。

7.2.6　以观星台遗址为中心的中国古代天文综合展示区域

以观星台遗址为依托，整合已有古代天文展示机构——中国天文博物院，成立中国天文博物馆，集聚对中国古代天文的研究和综合展示。

7.2.6.1　中国天文博物馆

依托观星台建设中国天文博物馆，以中国古代天文遗址、天文文物、天文成就、天文文献和重要人物为主要展示内容。

中国天文博物馆的特色陈列应突出以观星台为核心的中国古代天文观测设施，以及这些设施所反映的天文技术、天文观念。

中国天文博物馆要具备国际视野，有计划、分等级地开展中西天文成就的对比展览；通过国际合作的方式与国际知名天文机构、天文博物馆或科技馆建立密切联系。

7.2.6.2 中国天文实验考古中心

建立中国天文实验考古中心。开展古代天文观测、重要天文遗址和天文文物的功能性复原研究。

比如可以与中国科学院国家授时中心结成战略合作伙伴关系，依托观星台的文物建筑资源，发掘其"昼参日影，夜观极星，以正朝夕"作用，选取二十四节气中的某几个有代表性的节气，通过仪式性的观测活动，向全世界提供农历授时服务，增强海内外华人对中国传统天文文化的认同感，同时以这种符号化的方式提升传统文化的魅力。

7.2.6.3 中国天文观测体验区

建立中国天文体验区，通过重要天文遗址的复原和重要天文文物的重现，让大众在亲身天文观测中体验中国古代天文的伟大成就。

7.2.6.4 古代作物古法耕种体验区

"三代以上，人人皆知天文"。中国古代天文与农业有密切的关系。农业在中华文明中具有举足轻重的地位，郑州市的文物资源中有很多与农耕相关，如裴里岗文化出土的莲籽、青台遗址的丝织、大河村与观星台等遗迹中所体现的天文理念。可以将这些文物资源进行系统的梳理后，建立农耕文化体验区。区内强调以传统观测方法观测日月星辰方位，以"敬授人时"，通过传统耕种方法耕种郑州境内已发现的古代作物，运用传统水利设施进行灌溉，运用传统加工方式进行加工，产品则是独特的绿色食品，让游客体验传统作物自耕种到走向餐桌的全过程。

第8章　保障支撑体系

为保障战略规划涉及的郑州大遗址保护工作，尤其是重要遗址保护、研究、展示、利用工作的稳步实施，在政策法规、领导组织体系构建、机构设置、人才队伍建设、经费支持等方面需要有相应的措施保障支撑。

8.1　政策法规制定

应从战略高度，适应大遗址片区和建设华夏文明传承创新区建设重任的需要，制订相关的政策法规，使文化遗产的保护不仅仅是文物部门承担的工作，而且要纳入全民素质教育体系，从孩子抓起，从教育抓起，使全社会自觉参与，真正做到文化遗产人人保护，保护成果人人共享。

8.2　领导组织体系构建

从组织领导方面高度重视大遗址保护工作，建立高规格的郑州大遗址片区保护和发展小组，由市一级领导直接挂帅分管，市文物局作为牵头组织部门，市规划局、土地局、旅游局、财政局等作为共同参与部门，实现郑州大遗址片区的大遗址保护、管理、利用和发展工作高规格领导、多部门协作，保障相关措施的快速、有效实施。

8.3　机构设置

针对郑州大遗址片区的核心价值与发展战略，建议在重点项目所在地设立相应的研究基地，占领该领域的学术高地。例如在老奶奶庙遗址人类起源与环境变迁展示区所在地设立"人类起源与环境变迁研究基地"、在西山遗址建立"华夏古代文明研究基地"、在郑韩故城建立"城市文明研究基地"、在嵩阳书院建立常设的定期召开的"文明论坛"，并在郑州市建立"郑州文物保护科技中心"；建立相应的开放研究机制，进行保护、管理、维护等项工作。

8.4　人才队伍建设

人才队伍建设是保障事业发展的关键。我国文化遗产领域的从业人员水平有待提高，有些方向人才配备不足，本着提升现有从业人员水平、引进中国文化遗产保护亟需人才的原则，加强人才队伍建设。设立文物警察分局，强化对郑州大遗址片区的管理。

8.5　经费支持

财政支持是保证文化遗产保护事业发展的基础。加大政府投入应当采用更合理的测算方式，在生产总值中划分固定比例。鼓励多渠道资金投入方式，如吸纳民间资本建立专门的考古基金、文化旅游产业基金等。

第9章　实 施 分 期

9.1　近期实施重点

编制出台郑州大遗址片区保护专门的法规；

落实未列入文物保护单位体系的关键遗址的申报、列入工作；

编制关键遗址中全国重点文物保护单位的保护规划；

结合郑州城市建设、关键遗址的展示利用项目以及研究需要，开展相应的考古工作；

完成关键遗址的考古报告的出版公布；

落实关键遗址中全国重点文物保护单位的保护工程详细规划和方案设计，开展一批抢救性保护工程；

完成1～2个重点展示利用区域的规划和建设；

完成试点文物库房的选址和用房建设。

9.2　远期实施重点

编制关键遗址中省级重点文物保护单位的保护规划；

结合关键遗址的展示利用项目，开展主动性考古发掘和研究，拓展对重要遗址的认识；

完善近期阶段中已经建设完成的展示利用区域项目，开展完成2～3个重点展示利用区域的规划和建设；

完善试点文物库房的建设和运营。

9.3 远景预期

不断完善郑州大遗址片区保护的法规体系；

不断完善各关键遗址的保护规划及其修订；

不断完善重要展示利用区域的各项硬件及软件；

确立郑州大遗址片区保护利用的整体框架和特色模式；

有步骤地推广试点文物库房的建设和利用。

第10章 附 则

10.1 规划成果

本规划依据国家有关文物保护的各项法律法规文件编制而成，经郑州市委、市政府通过后，作为郑州大遗址片区整体保护和发展的指导性文件，纳入郑州市经济和社会发展计划，与土地利用、财政预算、人员编制等对接。

10.2 规划解释权

本规划的解释权归郑州市人民政府。

10.3 执行时间

本规划自郑州市人民政府正式颁布之日起实施。

附　　录

附录一　郑州市文化遗产清单

级别	所在地	名称	类别	时代
世界文化遗产	郑州市	大运河通济渠郑州段	古遗址	隋唐
世界文化遗产	登封市	观星台	古建筑	元
世界文化遗产	登封市	会善寺	古建筑	元至清
世界文化遗产	登封市	少林寺	古建筑	唐至清
世界文化遗产	登封市	初祖庵及少林寺塔林	古建筑	宋至清
世界文化遗产	登封市	少室阙	古建筑	东汉
世界文化遗产	登封市	启母阙	古建筑	东汉
世界文化遗产	登封市	中岳庙	古建筑	汉至清
世界文化遗产	登封市	太室阙	古建筑	东汉
世界文化遗产	登封市	嵩岳寺塔	古建筑	北魏
世界文化遗产	登封市	大唐嵩阳观纪圣德感应之颂碑	石窟寺及石刻	唐
国保	郑州市	郑州二七罢工纪念塔和纪念堂	近现代重要史迹及代表性建筑	1971年、1952年
国保	郑州市	后庄王遗址	古遗址	新石器时代
国保	郑州市	小双桥遗址	古遗址	商
国保	郑州市	郑州清真寺	古建筑	清
国保	郑州市	郑州城隍庙（含文庙大成殿）	古建筑	明至清
国保	郑州市	郑州商代遗址	古遗址	商
国保	郑州市	荥阳故城（含古荥汉代冶铁遗址）	古遗址	汉
国保	郑州市	西山遗址	古遗址	新石器时代

续表

级别	所在地	名称	类别	时代
国保	郑州市	尚岗杨遗址	古遗址	新石器时代
国保	郑州市	大河村遗址	古遗址	新石器时代
国保	郑州市	祭伯城遗址	古遗址	周
国保	登封市	南岳庙	古建筑	明至清
国保	登封市	清凉寺	古建筑	金至清
国保	登封市	刘碑寺碑	石窟寺及石刻	北齐
国保	登封市	王城岗遗址及阳城遗址	古遗址	新石器时代至东周
国保	登封市	南洼遗址	古遗址	夏商至唐宋
国保	登封市	法王寺塔	古建筑	唐
国保	登封市	永泰寺塔	古建筑	唐
国保	登封市	净藏禅师塔	古建筑	唐
国保	登封市	崇唐观造像	石窟寺及石刻	唐
国保	登封市	大周封祀坛遗址	古遗址	唐
国保	登封市	登封城隍庙	古建筑	明至清
国保	巩义市	宋陵	古墓葬	北宋
国保	巩义市	慈云寺石刻	石窟寺及石刻	元至清
国保	巩义市	刘镇华庄园	近现代重要史迹及代表性建筑	民国
国保	巩义市	巩县石窟	石窟寺及石刻	北魏
国保	巩义市	铁生沟冶铁遗址	古遗址	汉
国保	巩义市	康百万庄园	古建筑	明清
国保	巩义市	张祜庄园	近现代重要史迹及代表性建筑	清至民国
国保	巩义市	巩义窑址（含黄冶唐三彩窑，瓷窑遗址）	古遗址	隋唐
国保	巩义市	花地嘴遗址	古遗址	新石器时代至夏
国保	巩义市	稍柴遗址	古遗址	新石器时代、夏
国保	新密市	密县瓷窑遗址	古遗址	唐、宋
国保	新密市	密县县衙	古建筑	清
国保	新密市	新砦遗址	古遗址	新石器时代至夏
国保	新密市	打虎亭汉墓	古墓葬	东汉
国保	新密市	古城寨城址	古遗址	新石器时代
国保	新密市	曲梁遗址	古遗址	新石器时代至夏、商、汉

续表

级别	所在地	名称	类别	时代
国保	新密市	后士郭壁画墓	古墓葬	东汉
国保	新密市	李家沟遗址	古遗址	旧石器时代至新石器时代
国保	新密市	魏长城(长城尖山段)	古建筑	战国
国保	新郑市	后周皇陵	古墓葬	五代
国保	新郑市	苑陵故城	古遗址	东周、秦、汉
国保	新郑市	凤台寺塔	古建筑	宋
国保	新郑市	唐户遗址	古遗址	新石器时代
国保	新郑市	华阳故城	古遗址	东周
国保	新郑市	李诫墓	古墓葬	北宋
国保	新郑市	郑韩故城与韩王陵	古遗址	东周
国保	新郑市	欧阳修墓	古墓葬	宋
国保	新郑市	人和寨遗址	古遗址	新石器时代
国保	新郑市	望京楼遗址	古遗址	夏、商
国保	新郑市	裴李岗遗址	古遗址	新石器时代
国保	新郑市	轩辕庙	古建筑	明清
国保	荥阳市	织机洞遗址	古遗址	旧石器时代
国保	荥阳市	秦王寨遗址	古遗址	新石器时代
国保	荥阳市	大师姑城址	古遗址	夏商
国保	荥阳市	汉霸二王城	古遗址	秦
国保	荥阳市	青台遗址	古遗址	新石器时代
国保	荥阳市	千尺塔	古建筑	宋
国保	荥阳市	苌村汉墓	古墓葬	汉
国保	荥阳市	京城古城址	古遗址	东周
国保	荥阳市	娘娘寨遗址	古遗址	新石器时代至周
国保	中牟县	寿圣寺双塔	古建筑	宋
省保	郑州市	芦村河遗址	古遗址	新石器时代
省保	郑州市	胡家脑遗址	古遗址	旧石器时代
省保	郑州市	常庙城址	古遗址	春秋
省保	郑州市	陈家沟遗址	古遗址	新石器时代
省保	郑州市	东赵遗址	古遗址	夏
省保	郑州市	西连河遗址	古遗址	新石器时代至战国

附　录

续表

级别	所在地	名称	类别	时代
省保	郑州市	郑州开元寺尊胜经幢（含八棱经幢）	石窟寺及石刻	唐
省保	郑州市	郑州铁路职工学校旧址（含日本驻郑领事馆）	近现代重要史迹及代表性建筑	1921年
省保	郑州市	站马屯遗址	古遗址	新石器时代
省保	郑州市	荥泽县城隍庙	古建筑	明清
省保	郑州市	纪信墓及碑刻	古墓葬	汉至民国
省保	郑州市	花园口黄河掘堤处	近现代重要史迹及代表性建筑	1938年
省保	郑州市	毛泽东塑像	近现代重要史迹及代表性建筑	1968年
省保	郑州市	黄河博物馆旧址	近现代重要史迹及代表性建筑	1957年
省保	郑州市	西柏社遗址	古遗址	夏
省保	郑州市	国民革命军第二集团军北伐阵亡将士墓地	古墓葬	1928年
省保	郑州市	白寨遗址	古遗址	新石器时代至西周
省保	郑州市	马庄遗址	古遗址	新石器时代
省保	郑州市	河南省人民委员会办公旧址	近现代重要史迹及代表性建筑	1959年
省保	郑州市	中共河南省委第二招待所西服务楼（含锅炉房）	近现代重要史迹及代表性建筑	1956年
省保	郑州市	胡公祠（含彭公祠）	近现代重要史迹及代表性建筑	1925年
省保	郑州市	河南省实验中学老教学楼	近现代重要史迹及代表性建筑	1953年
省保	郑州市	黄河第一铁路桥旧址	近现代重要史迹及代表性建筑	1903年
省保	郑州市	郑州第二砂轮厂旧址	近现代重要史迹及代表性建筑	1964年
省保	郑州市	保吉寨	古建筑	清
省保	郑州市	观沟村重阳观	古建筑	清
省保	郑州市	方顶村传统民居	古建筑	明至民国
省保	郑州市	老奶奶庙遗址（含代家门遗址）	古遗址	旧石器时代、新石器时代
省保	郑州市	申河遗址	古遗址	新石器时代
省保	郑州市	敖仓城	古遗址	秦、汉
省保	郑州市	圃田故城	古遗址	东周至汉
省保	郑州市	田河遗址	古遗址	旧石器时代
省保	郑州市	周悼王墓	古墓葬	明
省保	登封市	石淙河摩崖题记	石窟寺及石刻	唐、宋

续表

级别	所在地	名称	类别	时代
省保	登封市	程窑遗址	古遗址	新石器时代
省保	登封市	袁村遗址	古遗址	新石器时代
省保	登封市	曲河窑址	古遗址	宋
省保	登封市	八方遗址	古遗址	新石器时代
省保	登封市	黄城故城	古遗址	东周
省保	登封市	安阳宫	古建筑	清
省保	登封市	龙泉寺	古建筑	明
省保	登封市	老君洞	古建筑	唐至清
省保	登封市	三祖庵塔	古建筑	金
省保	登封市	二仙洞石刻	石窟寺及石刻	明
省保	登封市	崇福宫	古建筑	宋至明
省保	登封市	玉溪宫	古建筑	明清
省保	登封市	向阳遗址	古遗址	新石器时代
省保	登封市	前庄瓷窑遗址	古遗址	唐至元
省保	登封市	杨村遗址	古遗址	新石器时代
省保	登封市	柏石崖豫西抗日先遣支队后方医院旧址	近现代重要史迹及代表性建筑	1944—1945年
省保	登封市	颍阳遗址	古遗址	新石器时代
省保	登封市	清微宫	古建筑	清
省保	登封市	西施遗址	古遗址	旧石器时代
省保	登封市	郭村遗址	古遗址	新石器时代
省保	登封市	许由墓（含庙、石寨）	古墓葬	夏
省保	巩义市	青龙禅寺	古建筑	清
省保	巩义市	水地河遗址	古遗址	新石器时代
省保	巩义市	洪沟遗址	古遗址	旧石器时代
省保	巩义市	伏羲台遗址	古遗址	新石器时代至周
省保	巩义市	兴佛寺	古建筑	明
省保	巩义市	塌坡遗址	古遗址	新石器时代
省保	巩义市	康北古城址	古遗址	周
省保	巩义市	赵城遗址	古遗址	新石器时代
省保	巩义市	福昌寺	古建筑	清
省保	巩义市	米北遗址	古遗址	新石器时代

续表

级别	所在地	名称	类别	时代
省保	巩义市	程家大院	古建筑	清至民国
省保	巩义市	芝园瓷窑遗址	古遗址	隋唐
省保	巩义市	涉村东大庙	古建筑	清
省保	巩义市	豫西抗日先遣支队司令部旧址	近现代重要史迹及代表性建筑	1944年
省保	巩义市	孝义兵工厂旧址	近现代重要史迹及代表性建筑	1921年
省保	巩义市	泰茂庄园	古建筑	清
省保	巩义市	杜甫诞生窑	古建筑	唐
省保	巩义市	蔡庄文魁坊	古建筑	明
省保	巩义市	刘家大院	古建筑	清
省保	巩义市	喂庄遗址	古遗址	新石器时代
省保	巩义市	启圣阁	古建筑	清
省保	巩义市	常香玉故居	近现代重要史迹及代表性建筑	1923年
省保	巩义市	海上桥村传统民居	近现代重要史迹及代表性建筑	清
省保	巩义市	滩小关遗址	古遗址	新石器时代
省保	新密市	超化寺塔	古建筑	唐
省保	新密市	法海寺塔	古建筑	宋
省保	新密市	密县城隍庙	古建筑	明清
省保	新密市	大隗洪山庙	古建筑	明
省保	新密市	窑沟瓷窑遗址	古遗址	宋
省保	新密市	马良沟遗址	古遗址	新石器时代
省保	新密市	月台瓷窑遗址	古遗址	唐、宋
省保	新密市	屏峰塔	古建筑	清
省保	新密市	马鞍河遗址	古遗址	新石器时代
省保	新密市	沙石嘴遗址	古遗址	新石器时代
省保	新密市	超化寺下寺	古建筑	清
省保	新密市	杨岭塔	古建筑	清
省保	新郑市	陈氏三宰相墓	古墓葬	宋
省保	新郑市	大司遗址	古遗址	新石器时代
省保	新郑市	古城遗址	古遗址	新石器时代
省保	新郑市	于寨遗址	古遗址	新石器时代
省保	新郑市	具茨山岩画	石窟寺及石刻	新石器时代
省保	新郑市	金钟寨遗址	古遗址	新石器时代

续表

级别	所在地	名称	类别	时代
省保	新郑市	铁岭墓地	古墓葬	战国
省保	新郑市	王垌遗址	古遗址	新石器时代
省保	新郑市	高拱墓	古墓葬	明
省保	新郑市	卧佛寺塔	古建筑	明
省保	新郑市	新密禹抗日民主政府旧址	近现代重要史迹及代表性建筑	1945年
省保	新郑市	赵庄遗址	古遗址	旧石器时代、新石器时代
省保	新郑市	古城村古城	古遗址	汉
省保	新郑市	子产墓	古墓葬	东周
省保	荥阳市	西史村遗址	古遗址	夏、商
省保	荥阳市	楚湾遗址	古遗址	新石器时代
省保	荥阳市	西司马遗址	古遗址	夏
省保	荥阳市	秦氏旧宅	古建筑	清
省保	荥阳市	陈沟遗址	古遗址	新石器时代
省保	荥阳市	点军台遗址	古遗址	新石器时代
省保	荥阳市	寨子峪遗址	古遗址	新石器时代
省保	荥阳市	无缘寘公禅师塔	古建筑	明
省保	荥阳市	佛顶尊胜陀罗尼石经幢	石窟寺及石刻	金
省保	荥阳市	成皋城遗址	古遗址	战国
省保	荥阳市	汉循吏故闻熹长韩仁铭碑	石窟寺及石刻	汉
省保	荥阳市	关帝庙遗址	古遗址	商
省保	荥阳市	蒋寨遗址	古遗址	西周
省保	荥阳市	原武温穆王壁画墓	古墓葬	明
省保	荥阳市	董天知故居	近现代重要史迹及代表性建筑	1911年
省保	荥阳市	韩凤楼故居	近现代重要史迹及代表性建筑	1918年
省保	荥阳市	石柱岗经幢	石窟寺及石刻	金
省保	荥阳市	汪沟遗址	古遗址	新石器时代
省保	荥阳市	官庄遗址	古遗址	周
省保	荥阳市	平陶古城址	古遗址	商、周
省保	中牟县	校氏墓地	古墓葬	明、清
省保	中牟县	大寨遗址	古遗址	新石器时代
省保	中牟县	老寨遗址	古遗址	新石器时代至商

续表

级别	所在地	名称	类别	时代
省保	中牟县	东古城遗址	古遗址	战国
省保	中牟县	业王遗址	古遗址	新石器时代
省保	中牟县	后魏遗址	古遗址	新石器时代
市保	郑州市	焦城古城址	汉	古遗址
市保	郑州市	东纸坊遗址	商	古遗址
市保	郑州市	圈后遗址	商	古遗址
市保	郑州市	后段遗址	商	古遗址
市保	郑州市	苏家遗址	商	古遗址
市保	郑州市	畠店遗址	商	古遗址
市保	郑州市	赵家遗址	商	古遗址
市保	郑州市	龙王墓葬群	汉	古墓葬
市保	郑州市	陈丁遗址	商	古遗址
市保	郑州市	过垌王东北遗址	新石器时代	古遗址
市保	郑州市	胡河遗址	新石器时代	古遗址
市保	郑州市	尖岗遗址	商	古遗址
市保	郑州市	高洪寺遗址	新石器时代	古遗址
市保	郑州市	全垌遗址	商	古遗址
市保	郑州市	上李河西遗址	新石器时代	古遗址
市保	郑州市	下李河遗址	旧石器时代	古遗址
市保	郑州市	下李河东南遗址	夏	古遗址
市保	郑州市	小庙咀东遗址	新石器时代	古遗址
市保	郑州市	盐店庄遗址	夏	古遗址
市保	郑州市	梨园河遗址	新石器时代	古遗址
市保	郑州市	娄河遗址	西周	古遗址
市保	郑州市	水磨石造像	唐	古建筑
市保	郑州市	张河遗址	新石器时代、西周	古遗址
市保	郑州市	黄岗寺遗址	新石器时代、东周	古遗址
市保	郑州市	东史马民居	清	古建筑
市保	郑州市	杜寨遗址	新石器时代	古遗址
市保	郑州市	水牛张张氏祠堂	清、民国	古建筑
市保	郑州市	石佛遗址	新石器时代、东周	古遗址
市保	郑州市	灵显王庙赞碑	宋	石窟寺及石刻

续表

级别	所在地	名称	类别	时代
市保	郑州市	安庄遗址	新石器时代	古遗址
市保	郑州市	崔庄遗址	商周	古遗址
市保	郑州市	李马庄东南遗址	商、战国、汉	古遗址
市保	郑州市	小魏庄遗址	周	古遗址
市保	郑州市	于庄遗址	东周	古遗址
市保	郑州市	东周古城	东周	古遗址
市保	郑州市	列子祠	明清	古建筑
市保	郑州市	八郎寨遗址	东周	古遗址
市保	郑州市	小刘遗址	新石器时代	古遗址
市保	郑州市	站马屯西遗址	新石器时代	古遗址
市保	郑州市	岔河遗址	商周	古遗址
市保	郑州市	毛主席视察黄河旧址	1952年	近现代重要史迹及代表性建筑
市保	郑州市	大唐故赠安州都督郑府君碑	唐	古建筑
市保	郑州市	孔氏家庙	清	古建筑
市保	郑州市	古荥李氏民居	清	古建筑
市保	郑州市	古荥公社影剧院	1958年	近现代重要史迹及代表性建筑
市保	郑州市	毛主席郑州会议住地	1958年	近现代重要史迹及代表性建筑
市保	郑州市	郑庄遗址	周	古遗址
市保	郑州市	小营点军台	商	古遗址
市保	郑州市	毛主席视察燕庄纪念地	1958年	近现代重要史迹及代表性建筑
市保	郑州市	曹古寺遗址	新石器时代、商周	古遗址
市保	郑州市	耿庄遗址	东周	古遗址
市保	郑州市	西营岗遗址	夏商	古遗址
市保	郑州市	青龙山魏长城遗址	战国	古遗址
市保	郑州市	梁湖遗址	商、东周	古遗址
市保	郑州市	吉鸿昌烈士墓	1964年	近现代重要史迹及代表性建筑
市保	郑州市	观沟遗址	新石器时代	古遗址
市保	郑州市	马固王氏宗祠	明	古建筑

续表

级别	所在地	名称	类别	时代
市保	郑州市	南峡窝遗址	新石器时代	古遗址
市保	郑州市	沙固遗址	新石器时代、商周	古遗址
市保	郑州市	曹彬墓	宋	古墓葬
市保	郑州市	卢医庙	明	古建筑
市保	郑州市	石咀遗址	商周	古遗址
市保	郑州市	王博文墓	宋	古墓葬
市保	郑州市	魏岗遗址	新石器时代、东周	古遗址
市保	郑州市	寨沟遗址	夏	古遗址
市保	郑州市	郑州纺织工业基地	20世纪50年代	近现代重要史迹及代表性建筑
市保	郑州市	后仓关帝庙	明清	古建筑
市保	郑州市	柳沟碑刻群	清、民国	古建筑
市保	郑州市	庙沟遗址	商周	古遗址
市保	郑州市	三十里铺遗址	商	古遗址
市保	郑州市	孙坡遗址	新石器时代	古遗址
市保	登封市	登封抗日县政府旧址	1944年	近现代重要史迹及代表性建筑
市保	登封市	中正堂	民国	近现代重要史迹及代表性建筑
市保	登封市	梅村遗址	新石器时代	古遗址
市保	登封市	负黍城	春秋	古遗址
市保	登封市	崔氏石坊及碑刻	明	古建筑
市保	登封市	登封县第一次党代会旧址	1938年	近现代重要史迹及代表性建筑
市保	登封市	冶上冶铁遗址	金	古遗址
市保	登封市	银洞遗址	明清	古遗址
市保	登封市	李庄遗址	新石器时代	古遗址
市保	登封市	景店烈士陵园	1948年	近现代重要史迹及代表性建筑
市保	登封市	孙昱墓碑	元	古建筑
市保	登封市	崇高县故城	汉	古遗址
市保	登封市	登封县故城	唐至清	古遗址

续表

级别	所在地	名称	类别	时代
市保	登封市	日军侵华飞机场	1944年	近现代重要史迹及代表性建筑
市保	登封市	莲花寺	民国	近现代重要史迹及代表性建筑
市保	登封市	当阳桥	1960年	近现代重要史迹及代表性建筑
市保	登封市	李家门中岳行宫	明清	古建筑
市保	登封市	护村碉楼	明	古建筑
市保	登封市	济渎庙	明清	古建筑
市保	登封市	三极圣母宫（含天池）	清	古建筑
市保	登封市	白鹤观	清	古建筑
市保	登封市	辕关	汉、清	古遗址
市保	登封市	炼丹庵	唐	古建筑
市保	登封市	峻极宫	清	古建筑
市保	登封市	耿介故居	清	古建筑
市保	登封市	广惠庵	清	古建筑
市保	登封市	水峪寺	清	古建筑
市保	登封市	杨林冶铁遗址	唐	古遗址
市保	登封市	前庄遗址	夏	古遗址
市保	登封市	玄都观	清	古建筑
市保	登封市	安寨遗址	新石器时代	古遗址
市保	登封市	万嵩寺	清	古建筑
市保	登封市	刘村遗址	新石器时代	古遗址
市保	登封市	颍阳东街遗址	新石器时代	古遗址
市保	登封市	龙潭寺	清	古建筑
市保	登封市	宋家沟口遗址	新石器时代	古遗址
市保	登封市	纸坊遗址	新石器时代	古遗址
市保	巩义市	白窑刘氏民居	清	古建筑
市保	巩义市	牛状元府	清	古建筑
市保	巩义市	洛口仓遗址（含汉将军城）	隋唐	古遗址
市保	巩义市	周氏民居	民国	近现代重要史迹及代表性建筑

续表

级别	所在地	名称	类别	时代
市保	巩义市	王小六民居	民国	近现代重要史迹及代表性建筑
市保	巩义市	神北大王庙	清	古建筑
市保	巩义市	康氏石坊	清	古建筑
市保	巩义市	孟氏石坊	清	古建筑
市保	巩义市	庄岭遗址	新石器时代	古遗址
市保	巩义市	龙兴寺	清	古建筑
市保	巩义市	五八年钢铁大会战遗址（包括瑶岭、张沟、关帝庙、丁沟）	1958年	近现代重要史迹及代表性建筑
市保	巩义市	石井三官庙	清	古建筑
市保	巩义市	铁生沟遗址	新石器时代	古遗址
市保	巩义市	卧龙吴氏山庄	清	古建筑
市保	巩义市	京兆王墓	北魏	古墓葬
市保	巩义市	魏氏石坊	清	古建筑
市保	巩义市	杜甫墓	唐	古墓葬
市保	巩义市	嵇含墓	晋	古墓葬
市保	巩义市	苏秦墓	战国	古墓葬
市保	巩义市	邢村遗址	新石器时代	古遗址
市保	巩义市	余明礼烈士旧居	1944年	近现代重要史迹及代表性建筑
市保	巩义市	豫西行政干校	1944年	近现代重要史迹及代表性建筑
市保	巩义市	巩县抗日民主政府旧址	1944年	近现代重要史迹及代表性建筑
市保	巩义市	罗口遗址	新石器时代·夏商	古遗址
市保	巩义市	口头遗址	新石器时代	古遗址
市保	巩义市	嵩山八路军抗日工作站旧址	1944年	近现代重要史迹及代表性建筑
市保	巩义市	崔氏祠堂	清	古建筑
市保	巩义市	老庙	明	古建筑
市保	巩义市	老庙山古寨堡群（八蜂嶂寨、将军寨、凤屏寨、天堂寨、黑凤寨、冷沟寨、鹿耳寨、穆桂英寨）	宋至清	古遗址

续表

级别	所在地	名称	类别	时代
市保	巩义市	龙窑	清	古建筑
市保	巩义市	王家祠堂（王抟沙小学旧址）	清、民国	古建筑
市保	巩义市	郑氏石坊	清	古建筑
市保	巩义市	潘岳·潘芘墓	晋	古墓葬
市保	巩义市	赵春亭墓	明	古墓葬
市保	巩义市	中央领导人视察竹林会议旧址	当代	近现代重要史迹及代表性建筑
市保	巩义市	赵公桥	明	古建筑
市保	新密市	刘堂庙革命旧址	近现代	近现代重要史迹及代表性建筑
市保	新密市	天仙白松碑	明	石窟寺及石刻
市保	新密市	桧阳书院	清	古建筑
市保	新密市	孔庙	清	古建筑
市保	新密市	闫周民墓	明	古墓葬
市保	新密市	翟沟遗址	唐至元	古遗址
市保	新密市	密国城遗址	西周、春秋	古遗址
市保	新密市	修德观	清	古建筑
市保	新密市	山头湾夜校农民协会旧址	近现代	近现代重要史迹及代表性建筑
市保	新密市	香峪寺造像佛龛	东魏	石窟寺及石刻
市保	新密市	皮定钧工作旧址	1944年	近现代重要史迹及代表性建筑
市保	新密市	药王庙与老君庙	清	古建筑
市保	新密市	杨万辉故居	清	古建筑
市保	新密市	苏寨遗址	新石器时代至夏	古遗址
市保	新密市	力牧台遗址	春秋至汉	古遗址
市保	新密市	云岩宫	清	古建筑
市保	新密市	宋家楼院	明清	古建筑
市保	新密市	"镇远"炮台	清	古建筑
市保	新密市	米氏祖谱世系碑	明	石窟寺及石刻
市保	新密市	打虎亭汉墓群	汉	古墓葬
市保	新密市	补子庙遗址	新石器时代	古遗址
市保	新密市	养钱池冶铁遗址	宋	古遗址

续表

级别	所在地	名称	类别	时代
市保	新密市	助泉寺	明清	古建筑
市保	新密市	白龙庙	清	古建筑
市保	新密市	郑庄公墓	春秋	古墓葬
市保	新密市	河西马遗址	新石器时代至商	古遗址
市保	新密市	马家遗址	新石器时代至夏	古遗址
市保	新密市	郑昭公墓	春秋	古墓葬
市保	新密市	冯京墓	宋	古墓葬
市保	新密市	前士郭遗址	商、战国至汉	古遗址
市保	新密市	报恩寺	清	古建筑
市保	新密市	穴道墓	元	古墓葬
市保	新密市	郭氏祠堂	清	古建筑
市保	新密市	二郎庙遗址	新石器时代、商周	古遗址
市保	新密市	马沟遗址	新石器时代、春秋	古遗址
市保	新密市	郑氏祠堂	清	古建筑
市保	新郑市	小寨汉墓	汉	古墓葬
市保	新郑市	大朱庄遗址	新石器时代、商、汉	古遗址
市保	新郑市	郭河遗址	新石器时代、东周	古遗址
市保	新郑市	乾门史氏民居	清	古建筑
市保	新郑市	大范庄遗址	新石器时代、商、东周	古遗址
市保	新郑市	陵上遗址	唐、宋	古遗址
市保	新郑市	司家遗址	商	古遗址
市保	新郑市	高拱故里碑刻	明	石窟寺及石刻
市保	新郑市	小李庄墓葬区	汉	古墓葬
市保	新郑市	老山坪古寨堡遗址	金	古遗址
市保	新郑市	高辛庄遗址	新石器时代、东周	古遗址
市保	新郑市	裴度墓	唐	古墓葬
市保	新郑市	高坡岩遗址	新石器时代	古遗址
市保	新郑市	王德用墓碑刻	宋	石窟寺及石刻
市保	新郑市	洪府遗址	新石器时代	古遗址
市保	新郑市	南李庄遗址	新石器时代	古遗址
市保	新郑市	齐河遗址	新石器时代	古遗址
市保	新郑市	人和寨刘金山民居	清	古建筑

续表

级别	所在地	名称	类别	时代
市保	新郑市	白氏祠堂	清	古建筑
市保	新郑市	水月寺	明	古建筑
市保	新郑市	蔡庄遗址	东周	古遗址
市保	新郑市	邓湾遗址	新石器时代	古遗址
市保	新郑市	马庄遗址	商	古遗址
市保	新郑市	考院	清	古建筑
市保	新郑市	鉴忠堂宝谟楼（接旨亭）	明	古建筑
市保	新郑市	南枣岗汉墓	汉	古墓葬
市保	荥阳市	北周村造像碑	北魏	石窟寺及石刻
市保	荥阳市	小索城遗址	东周	古遗址
市保	荥阳市	刘沟遗址	新石器时代、战国	古遗址
市保	荥阳市	池沟寨遗址	夏、汉	古遗址
市保	荥阳市	西张村遗址	新石器时代、夏商	古遗址
市保	荥阳市	秦氏家庙	清	古建筑
市保	荥阳市	中共油坊地下联络站旧址	1944—1945年	近现代重要史迹及代表性建筑
市保	荥阳市	车庄遗址	新石器时代、商至汉	古遗址
市保	荥阳市	大师姑兴国寺	清	古建筑
市保	荥阳市	任河遗址	新石器时代、战国	古遗址
市保	荥阳市	苏寨民居（含家庙）	明清	古建筑
市保	荥阳市	唐垌遗址	商	古遗址
市保	荥阳市	卧龙台寨	清	古遗址
市保	荥阳市	大马沟遗址	新石器时代、西周、战国	古遗址
市保	荥阳市	谷山庙地震碑	清	石窟寺及石刻
市保	荥阳市	邢河石窟造像	明	石窟寺及石刻
市保	荥阳市	刘禹锡墓	唐	古墓葬
市保	荥阳市	任洼瓷窑址	唐	古遗址
市保	荥阳市	北头遗址	新石器时代	古遗址
市保	荥阳市	阴氏节孝坊	清	古建筑
市保	荥阳市	大海寺古建筑遗址	北魏至宋	古遗址
市保	荥阳市	胜利渠	1975年	近现代重要史迹及代表性建筑

续表

级别	所在地	名称	类别	时代
市保	荥阳市	狐郾墓（七批国保苌村汉墓包含项目）	春秋	古墓葬
市保	荥阳市	李商隐墓	唐	古墓葬
市保	中牟县	南寺遗址	商	古遗址
市保	中牟县	中牟老火车站	1944年	近现代重要史迹及代表性建筑
市保	中牟县	玄帝庙碑刻	明清	石窟寺及石刻
市保	中牟县	梁惠王墓	战国	古墓葬
市保	中牟县	业王（野岗）遗址	商	古遗址
市保	中牟县	老张庄遗址	西周	古遗址
市保	中牟县	康熙临米芾诗碑	清	石窟寺及石刻
市保	中牟县	王庄遗址	新石器时代	古遗址
市保	中牟县	前赵遗址	商	古遗址
市保	中牟县	十里头遗址	商	古遗址
市保	中牟县	大庄东南遗址	新石器时代	古遗址
市保	中牟县	大庄西南遗址	商周	古遗址
市保	中牟县	东赵遗址	商周	古遗址
市保	中牟县	路庄遗址	新石器时代	古遗址
市保	中牟县	前杨东遗址	商周	古遗址
市保	中牟县	前杨遗址	新石器时代	古遗址

附录二　郑州市区

序号	保护级别	名称	时代	位置	研究工作	规模	附属文物及出土情况
1	第一批国保	郑州商城遗址	商代早期都城，兼有二里头文化和东周遗存	主要位于郑州市管城回族区	多次发掘，有简报多篇，专题报告三部，研究论文数百篇	面积约25平方千米	城垣遗址、宫殿区遗址、居住聚落遗址、墓葬区、手工作坊遗址、窖藏坑等遗迹类型，出土了大量石器、陶器、铜器、玉器、骨器等生产工具和生活用具
2	第四批国保	西山遗址	仰韶文化晚期	郑州市惠济区古荥镇枯河北岸的二级台地	十余次发掘，但仅有一篇简报和多篇研究论文	现存总面积约17万平方米	夯土建筑城址、墓葬、平民居址
3	第五批国保	大河村遗址	以仰韶文化、龙山文化为主，兼有二里头文化和商代遗存	郑州市东北郊大河村西南1千米	24次发掘，发掘简报三篇，专题报告一部	40余万平方米	仰韶文化、龙山文化、二里头文化、商等时代房基、灰坑、墓葬等遗迹；大量遗物
4	第六批国保	小双桥遗址	商代早中期都邑性遗址	郑州市石佛乡小双桥村	多次发掘，仅有简报一篇，论文数十篇	面积约600万平方米	多次调查、发掘。发现有城墙夯土建筑基址、祭祀坑等文化遗迹和石磬、原始瓷尊、石圭青铜建筑饰件、朱书陶文等主要遗物
5	第六批国保	荥阳故城（含古荥冶铁遗址）	两汉，有后代修补	郑州市西北27千米的古荥镇及其东部和南部	城本身缺乏基础工作，无公开学术调查资料。冶铁遗址有简报两篇，分别见《河南文博通讯》1977年第1期；《文物》1978年第2期。冶铁遗址研究较丰富	平面呈长方形，南北长约2000米，东西宽约1500米，周长约7000余米	根据考古调查，城内东北部为粮仓，东部高地为官署，南部为居民区。同时在故城内发现了古代房基、夯土台、水管道等建筑设施。另发现有冶铁遗址

重要遗存分析表

可观赏性	功能性质（居址\墓葬\手工业\宗教遗存）	保存现状（真实性\完整性）	价值/意义	综合评估
良	商代早期都城、墓地、手工业作坊	较好，部分城墙已经进行了加固展示	郑州商城遗址三重城池和宫殿区的整体形制奠定了中国城市发展的基础，供水系统首开城市供水系统的先河，出土的大批青铜礼器为郑州商城使用的下限年代、商王室的祭祀礼制、青铜器的铸造工艺等提供了重要的学术研究资料。同时，对商城陶器、玉器进行保护与研究，将对商代的手工业生产的研究提供重要资料，对商城人骨进行分析，将对商代早期的人群流动及人群聚集、文化交流起到不可替代的作用。对郑州商城的保护与利用，将为中国大遗址保护起到示范性作用	优
良	环壕城址、房址、墓葬	较好	西山古城城垣筑造采取方块版筑法，为后世城垣、高台建筑等土木工程奠定了技术基础，是长江以北目前已发现的时代最早的城址，也是中国城市文明的重要源头。城外环绕壕沟，城内有道路、房基、窖穴、墓葬等遗迹，是同时期文明进程研究的重要素材	优
优	房址、村落、墓葬	有发掘现场展示、遗址博物馆等，工作基础较好	大河村遗址是国内同时期仅存的房基，保存相对完好，遗址文化遗存延续时间达3300多年之久，是研究同一遗址长时段沿用的绝佳地。同时，文化面貌有特色，既有来自不同地区的文化因素，也有自身特色	优
良	商代早中期都邑性遗址、祭祀遗址	较好，尚保存有一处较大的夯土基址	该遗址的兴起与郑州商城的废弃时代衔接，这对于商代早期都城更替提供了重要研究线索，遗址的部分遗迹尚未在其他遗址被发现，性质意义重大。遗址发现的车辙、朱书陶文等遗存显示该遗址的等级极高	优
良	城址加手工业遗存，周边曾发掘较多汉墓	较好，城址经修补展示，目前所见非最原始状态	该城是郑洛地区保存最为完好的汉代城址，沿革明确，文献记载清晰，保存遗存种类较为丰富，有较好的文物基础。城墙经维修，铸铁遗址有现场展示保护大厅，有一定的展示基础。古荥冶铁遗址是汉代河南郡第一冶铁作坊，也是目前已知发现面积最大的冶铁作坊。同时，遗址位于索须河沿线，可作为西端起点选择之一	优

序号	保护级别	名称	时代	位置	研究工作	规模	附属文物及出土情况
6	第七批国保	胡家脑遗址	旧石器时代中晚期	郑州市二七区侯寨乡胡家脑村南100米处	经调查与试掘，有试掘简报情况概述	遗址南北长150米，东西宽120米，面积2万平方米	有用火痕迹，文化层较厚，采集打制石器标本27件以及动物化石30余件
7	第七批国保	尚岗杨遗址	仰韶文化中晚期	郑州管城回族区南曹乡	1984年发现，1993年发掘	遗址东西长300米，南北宽250米，面积7.5万平方米	发现房基、灰坑、墓葬等，出土有陶器、石器、鹿角等
8	第七批国保	后庄王遗址	仰韶文化中期至晚期	郑州市中原区沟赵乡	两次考古发掘，简报一篇	遗址东西长250米，南北宽200米，面积5万平方米	有灰坑、墓葬遗迹，出土大量陶、石、骨、角、蚌器
9	第七批国保	站马屯遗址	河南龙山文化时期	郑州管城回族区十八里河镇	经过三次考古发掘，简报两篇	遗址东西长600米，南北宽500米，面积30万平方米	房基、灰坑、陶窑、墓葬及灰沟等遗迹，出土有陶、骨、角、蚌、石器等遗物
10	第五批省保	芦村河遗址	二里头文化时期	郑州市二七区侯寨乡芦村河村西部及其周围	未经发掘，仅有调查	面积61万平方米	断崖上发现有房基、灰坑、墓葬等
11	第七批国保	祭伯城遗址	两周时期和明清时期相互叠压的两个城址	郑州市郑东新区CBD商务区的东北部	经科学发掘，尚无简报	两周城址分为东西两个小城，总面积约174万平方米	发现有夯土基址等遗迹
12	第七批国保	郑州城隍庙（含文庙大成殿）	明至清	郑州市管城回族区商城路东段		整个建筑面积6500平方米	城隍庙有大门、仪门、戏楼、大殿、后寝宫等

续表

可观赏性	功能性质（居址\墓葬\手工业\宗教遗存）	保存现状（真实性\完整性）	价值/意义	综合评估
良	居住遗址	良好	该遗址是郑州地区另一处确认有用火痕迹的原位埋藏地。遗址在马兰黄土堆积层中有厚2米的石器文化层，文化层较厚，是旧石器时代一处重要的遗址	良
良	墓葬、居址	较好	尚岗杨遗址是郑州市市区目前保存较为完好、面积较大的一处新石器时代重要遗址。遗址中发现的房基为"木骨整塑"结构，墙壁与地坪经过大火烧烤呈砖红色，保存了珍贵的古代房屋遗迹	良
良	墓葬、聚落	较好	该遗址文化遗存共分三期，第一期与第二期相当于仰韶文化中期，第三期相当于仰韶文化晚期，是一处仰韶文化中期至晚期的原始聚落遗址，具有重要的研究价值。遗址发现的部分遗址，如镂孔足盆形鼎、彩陶碗和内折沿敛口矮圈足豆，属于大河村类型	良
良	居址、聚落	较好	该遗址是郑州地区为数不多的，具有早期龙山文化特征的新石器时代聚落遗址，对于中华文明探源研究具有重要意义。房址附近发现一些小孩的土坑墓与瓮棺葬，反映了当时的墓葬风俗	良
差	区域性聚落	较好	郑州地区保存较好的夏代晚期至商代早期的聚落，面积较大，对于研究二里头文化时期地区中心、夏商分界、考古学文化变迁对同一遗址的影响等学术问题有重要价值	良
差	两周时期诸侯国都城或高等级采邑	较好	周围两周时期城址分布较为密集，为研究周代的都城分封与设立及城市发展起着重要的作用。作为城市发展文化的延续，也是郑东新区未来旅游经济、人文投资环境的重要资源	良
好	古建筑	较好	城隍庙始建于明代初期，自明弘治十四年（1501年）以来多次修缮，是目前郑州市区现存规模最大、保存最完整的明清古建筑群。其建筑古朴典雅、形式多样，彩画鲜艳生动，极具河南地方建筑特点。此外，庙内遗存碑刻20通，其中的明代工部都水主事张大猷草书的《福赞》碑较为珍贵	良

序号	保护级别	名称	时代	位置	研究工作	规模	附属文物及出土情况
13	第七批国保	郑州清真寺	清	郑州市管城区回族清真寺街		占地面积11497.2平方米	大门、望月楼、拜殿等
14	第一批省保	郑州开元寺尊胜经幢	唐	郑州市管城回族区东大街			
15	第一批省保	道教经幢	唐	郑州市管城回族区东大街			
16	第四批省保	马庄遗址	龙山文化及二里头文化时期	郑州市中原区须水镇马庄村	经考古发掘，简报一篇	面积30万平方米	墓葬8座、烧土面、灰坑40余遗迹，以及陶、石、骨、蚌、器570余件
17	第四批省保	西柏社遗址	龙山文化时期、商代	郑州市上街区峡窝镇西柏社村	经考古调查与试掘，有发掘纪要	东西长400米，南北宽260米，面积约9万平方米	发现灰坑、红烧土等遗迹，出土瓷器、石器
18	第四批省保	东赵遗址	龙山文化、二里头文化时期至商代，兼有东周时期遗存	郑州市中原区沟赵乡东赵村	经考古调查与试掘，未见正式发掘简报	东西长600米，南北宽500米，面积30万平方米	发现灰坑，出土遗物包括花边罐、鸡冠錾盆、折沿瓮、甗、豆等二里头文化时期器物
19	第四批省保	常庙城址	西周时期遗址、东周时期城址	郑州市二七区马寨镇常庙村周围	经科学发掘，尚无具体简报	面积约52万平方米	发现有东周时期仓窖、陶窑、东城墙尚存部分在地表之上
20	第五批省保	陈家沟遗址	仰韶文化时期	郑州市二七区马寨镇陈家沟	经考古发掘，有考古简报	东西长500米，南北宽35米，面积17.5平方米	墓葬、房基、灰坑，遗物包括陶器、兽骨和石器
21	第五批省保	白寨遗址	含仰韶文化、二里头文化、商代及东周时期遗址	郑州市中原区须水镇白寨村南部	未见详细调查简报，未见研究论文	分东西两区，东区面积28万平方米，西区面积17.5万平方米	有灰坑、墓葬、殉马坑等遗迹，有陶、石、骨器等遗物

续表

可观赏性	功能性质（居址\墓葬\手工业\宗教遗存）	保存现状（真实性\完整性）	价值/意义	综合评估
好	古建筑	较好	北大清真寺是郑州伊斯兰教传播发源地，是郑州市规模最大、历史最悠久、布局具有中国传统特色的伊斯兰教清真寺。该寺始建于元代，明代已初具规模，清乾隆十九年（1754年）和四十七年（1782年）曾经进行过两次较大重修，1982年又重新。目前保存的大门、望月楼、拜殿等，均为清代中叶以后建筑	良
良	经幢	一般	该经幢为青石雕刻，唐中和五年（885年）六月十一日刻立。由底座、幢身、华盖、佛顶造像和顶盖五部分组成。该经幢建筑形式秀丽挺拔，造型生动传神，对于研究古代雕刻艺术提供了珍贵资料	良
良	经幢	一般	该经幢何处初立不详，后移于郑州开元寺，先保存在郑州市文物保护研究院。道教经幢全称《太上洞玄灵宝无量人上品妙经》，因刻有道教经典又称道教经幢	良
良	居址、墓葬	一般	马庄遗址为郑州地区龙山文化的研究提供了重要实物资料，同时也为夏文化研究的重要资料	良
良	居址	较差	该遗址文化层丰富，从新石器时代至商代，文化内涵丰富	良
良	城址、居址、墓葬	较差	该遗址是一处重要的新石器及夏、商东周文化遗址	良
优	两周时期高等级采邑	较好	两周时期地方采邑或专门的仓储、制作陶器的中心作坊发现极少，该城址的发现，将为上述问题的解决起到重要作用。同时，该城址与郑州南部旧石器时代遗址位置毗邻，便于统筹管理	良
良	居址、墓葬	一般	陈家沟遗址文化内涵丰富，文化层堆积较厚，是一处内涵丰富的仰韶文化遗址。该遗址的发现，对于新石器时代文化研究具有重要意义	良
良	居址、墓地	较好，未经扰乱	遗址内涵较为丰富，文化堆积比较厚，为多时期的文化遗址，历史与考古价值比较重要。发现的殉马坑是重要的研究与工作线索，不排除存在大型夯土基址或大型墓葬的可能	优

序号	保护级别	名称	时代	位置	研究工作	规模	附属文物及出土情况
22	第五批省保	西连河遗址	商代、东周	郑州市中原区沟赵乡西连河村	经系统调查与小规模试掘，有调查简报，未见正式考古报告	东西长600米，南北宽400米，面积24万平方米	灰坑、墓葬、房址、陶窑等遗迹，采集有二里岗文化时期的陶片
23	第五批省保	坟上遗址	商、西周	郑州市中原区须水镇坟上村	经系统调查与小规模试掘，有调查简报，未见正式考古报告	东西长500米，南北宽350米，面积17.5平方米	发现灰坑遗迹，出土有陶器、兽骨等遗物
24	第五批省保	纪信墓及碑刻	西汉	郑州市惠济区古荥镇纪公庙村	经考古发掘，未见科学发掘报告，仅有发掘纪要	地面现存圆冢高约5.6米，周长120米	现修有纪公庙，地面有圆冢高5.6米，周长120米，纪信墓侧立有从唐至民国，及现代的碑碣30余通。经考古发掘，出土铜器、铁器、玉器、陶器及车马饰300余件
25	第七批省保	老奶奶庙遗址①	旧石器时代中、晚期过渡阶段	郑州市二七区侯寨乡樱桃沟景区内	2005年调查发现，2011—2012年进行发掘，初步成果刊于2012年1月13日中国文物报考古发现专版。发掘工作仍在进行，相关研究亦同时展开	南北长100米，东西宽80米，面积约8000平方米	古人类居住面、用火遗迹，以及数以万计的动物化石、石制品
26	世界文化遗产	大运河通济渠郑州段	战国、隋唐至宋元	郑州市荥阳市惠济区	2011年进行了考古勘探，同时对横跨通济渠故道的惠济桥桥基进行了清理	长约15千米	运河故道、惠济桥

① 该遗址被评为"2011年全国考古十大新发现"。

续表

可观赏性	功能性质（居址\墓葬\手工业\宗教遗存）	保存现状（真实性\完整性）	价值/意义	综合评估
良	居址、墓葬	一般	该遗址文化堆积较厚，文化内涵丰富，对于商代、春秋战国的历史研究有重要意义	良
良	居址	较差	该遗址文化内涵丰富，保护商及西周丰富遗物	良
良	墓葬	已修缮，较好	该墓葬规模宏大，是西汉初期墓葬制度研究的重要资料。墓上立有从唐至民国，及现代碑碣30余通，其中的一通为唐大周长安二年（702年）书法家卢藏用撰文并书丹的"汉忠烈纪公碑"，十分珍贵	良
优，樱桃沟景区内	露天遗址，系贾鲁河上游遗址群的中心营地遗址	较好，可就地保护，建遗址博物馆	老奶奶庙中心营地遗址的发现，从空间上将嵩山东南麓数百处旧石器时代地点连接起来，清楚地展示了中原地区3万—5万年前的栖居形态，该遗址具有鲜明的承前启后特点，将石片石器文化与石叶与细石器文化完整地衔接起来，非常清楚地确立了该地区旧石器文化发展框架。同时，该遗址清楚地展示了我国境内更新世人类发展的连续性特点，为研究现代人类及其行为在东亚地区出现与发展提供了非常重要新证据与研究视角	优
较好	古运河	较好	该段运河始于战国时期开凿的鸿沟水系，后为隋唐大运河沿用，成为隋唐大运河通济渠的重要组成部分，是隋唐时期南北交通的大动脉。北宋时期是沟通国家经济重心的南方地区与政治、军事中心的东京开封的国家命脉，促进了各地区经济、文化、技术的交流、融合和发展。目前，大运河通济渠郑州段已经列入中国大运河申报世界文化遗产的遗产名单，申报、保护工作已稳步开展	优

附录三　登封市

序号	保护级别	名称	时代	位置	研究工作	规模	附属文物及出土情况
1	世界文化遗产、第一批国保	太室阙	汉	登封市太室山南麓	在汉阙的系统下的综合研究		太室阙上雕刻有车马出行、马戏、狩猎、神话故事、奇禽珍兽、斗鸡、杂技、楼阁等画像和装饰图案
2	世界文化遗产、第一批国保	少室阙	汉	登封市少室山南麓	在汉阙的系统下的综合研究		少室阙上雕刻有车马出行、宴饮、羽人、玄鸟生商、四灵、兽斗、击剑、狩猎、犬逐兔、驯象、斗鸡、蹴鞠、羊头、鹿、虎、马技、月宫、常青树、柏树等
3	世界文化遗产、第一批国保	启母阙	汉	登封市太室山南麓	在汉阙的系统下的综合研究		阙身雕刻马技、骑马出行、杂技、幻术、驯象、郭巨埋儿、夏禹化熊、果下马、狩猎、虎逐鹿、双蛟、月宫图等
4	世界文化遗产、第一批国保	嵩阳书院	北魏至清	登封市北3千米峻极峰下	充分，在历史沿革、建筑现状、功能等方面均有研究		碑刻、石刻造像等
5	世界文化遗产、第一批国保	嵩岳寺塔	北魏	登封市区西北6千米	充分，有基础的测绘报告及天宫地宫发掘报告，也有其年代、源流、装饰、结构等方面的研究	15层高37米	地宫中出土北魏造像等12件造像及建筑构件、瓷器等，壁面绘有唐代彩画
6	世界文化遗产、第一批国保	观星台	元至清	登封市告成镇	既有对观星台建筑科学原理的研究，也有考古发掘及复原研究		

重要遗存分析表

可观赏性	功能性质（居址\墓葬\手工业\宗教遗存）	保存现状（真实性\完整性）	价值/意义	综合评估
优	祭祀	好	太室阙是汉太室山庙前的神道阙，不仅反映出嵩山祭祀文化的久远，也是原建筑群中轴线的标志，是嵩山天地之中地位的象征。太室阙造型和雕刻艺术风格浑朴古拙，其形式和内容对研究建筑史、美术史和东汉社会历史有很高的参考价值	优
优	祭祀	好	少室阙是汉少室山庙前的神道阙，不仅反映出嵩山祭祀文化的久远，也是原建筑群中轴线的标志，是嵩山天地之中地位的象征。其造型和雕刻艺术风格浑朴古拙，其形式和内容对研究建筑史、美术史和东汉社会历史有很高的参考价值	优
优	祭祀	好	启母阙是汉启母庙前的神道阙，不仅反映出嵩山祭祀文化的久远，也是原建筑群中轴线的标志，是嵩山天地之中地位的象征。阙身上雕刻反映了儒家思想与神仙思想的融合。其阙造型和雕刻艺术风格浑朴古拙，其形式和内容对研究建筑史、美术史和东汉社会历史有很高的参考价值	优
优	儒学建筑	已修缮、好	嵩阳书院前身为嵩阳寺，后改为观，五代改为书院，其沿革即反映了儒释道文化的交流与发展过程，是儒学教育建筑的代表，特别是宋代曾有二程、司马光、范仲淹等大学者在此讲学，是中国传统书院的标志。其建筑布局、形制是书院建筑的重要实例之一。此外，书院内存有大唐嵩阳观纪圣德感应之颂碑、汉封将军柏碑、金代庙貌碑、明代登封城碑，具有极高的史学价值	优
优	佛教建筑	已修缮、好	嵩岳寺塔是我国现存最早的密檐式砖塔，在结构、造型、装饰等方面都具有开创性，既有本土元素，同时也受到西方艺术的影响。此外，地宫、天宫的发现以及塔本身形制的特殊性，造成现存塔的年代问题存在争论，这也使其研究价值更高	优
优	科技建筑	好	观星台是我国现存最早的天文台，世界上最先进的历法《授时历》就是经此观测与推算的，它在历史上对我国农业生产具有指导性，在世界上也属最早的天文建筑之一，既是嵩山地区在古人空间观念中所处天地之中地位的直观反映，也是我国传统农耕文明的体现。此外，观星台建筑形式、功能对古代天文科学的研究提供了实例，其范围内大殿也经过考古发掘，对于建筑史的研究也提供了早期例证	优

序号	保护级别	名称	时代	位置	研究工作	规模	附属文物及出土情况
7	世界文化遗产、第四批国保	初祖庵	北宋	登封少林寺西北2千米	研究较充分，基础数据零散分布在各文章中，暂无报告发表	占地3400平方米	庵内保存有石刻40余方，宋、金以后碑碣38通，唐代"六祖手植柏"等
8	世界文化遗产、第五批国保	大唐嵩阳观纪圣德感应之颂碑	唐	登封市嵩阳路北	从历史、文学和书法等方面均有研究		石雕、石刻
9	世界文化遗产、第五批国保	会善寺	元至清	登封太室山南麓积翠峰下	在嵩山建筑群的整体研究下，但缺乏基础调查报告	东西院，二进	寺内现存北齐《会善寺碑》等碑碣石刻30余通。唐至清古树120余株，明代铸大铁钟一口。寺周现存清代古塔4座
10	世界文化遗产、第五批国保	中岳庙	清	登封市城东3千米	丰富，对中岳庙历史、布局和单体建筑均有研究		庙内存汉至清代古柏300余株，金石铸器、石刻造像等金石文物百余件
11	世界文化遗产、第七批国保	少林寺	唐至清	登封少室山南麓	丰富，对寺院历史、布局、功能等均有相关研究		寺内现保存有北齐至民国碑刻245品，明代五百罗汉大型彩色壁画，金至清代匾额、对联、金属文物百余件，清代少林寺拳谱、少林寺十三棍僧救秦王等彩色壁画、少林拳站桩坑和古树名木等
12	世界文化遗产、第七批国保	少林寺塔林	唐至清	登封少林寺西约300米	对塔林内每一座塔均有记录研究，但缺乏整体的分期研究	228座	塔铭、砖雕、石雕等
13	第三批国保	净藏禅师塔	唐	登封市区西北6千米处	少		塔身嵌碑铭记述净藏禅师生平，砖砌柱额枋斗拱等建筑结构

续表

可观赏性	功能性质（居址\墓葬\手工业\宗教遗存）	保存现状（真实性\完整性）	价值/意义	综合评估
优	佛教建筑	已修缮，好	初祖庵作为少林寺的组成部分，也是佛教文化的传入和禅宗文化的形成的集中反映。其大殿为宋代建筑，是河南省现存最早的木构建筑之一，有重要的历史价值和艺术价值。其建造年代与中国古代建筑科学巨著《营造法式》的成书年代相近，其斗拱、梁架、雕饰多与《营造法式》相符合，是宋代木构建筑技术的重要例证。同时，初祖庵大殿的部分构造在建筑史研究中被认为具有南方特征，是南方建筑文化影响中原乃至嵩山地区的实证	优
优	道教	已修缮、较好	碑文记述唐玄宗为寻求长生不老之术，命嵩阳观道士孙太冲炼丹九转之事，反映了嵩山道教文化的历史和地位，也是盛唐时期文化面貌的一个缩影。碑的造型、雕刻以及书文均出自名家，代表了当时最高的文化水平，极具研究价值	优
优	佛教建筑	已修缮，好	会善寺前身是北魏孝文帝元宏的一所离宫，魏亡后舍宫为寺，既体现了嵩山很早即受帝王重视的历史地位，又反映了佛教文化对中国传统文化的影响。其中，大殿虽历经后世重修，但整体结构仍保持原貌，是嵩山地区现存唯一的元代木结构建筑	优
优	道教建筑	已修缮，好	中岳庙前身是太室庙，始建至秦汉，并由皇帝册封，是嵩山历史和地位的代表。寺庙规模宏大，布局严整，现存建筑大部分为清代建造，但多延续历史格局，极具历史研究价值。同时，中岳庙为嵩山道教建筑的代表，体现了嵩山多文化汇集交融的特点	优
优	佛教建筑	好	少林寺于北魏太和二十年（496年）由印度高僧跋陀落迹传教而建，是佛教禅宗的祖庭，也是少林武术的发源地，集中反映了外来文化的传入和在嵩山地区的发展创新。少林寺规模宏大，布局严整、建筑虽较晚，但具有历史的延续性，其内附属文物众多，其历代碑刻和壁画具有较高的历史、艺术价值	优
优	佛教建筑	好	少林寺塔林所存塔历经唐至清各代，形制多样，即具有时代的发展性，又具有类型的多样性，是我国各地佛教文化、建筑文化汇集的反映。塔林是我国现有古塔数量最多的墓塔林，对研究中国建筑发展史、雕刻艺术发展史和宗教发展史的珍贵实物资料宝库	优
优	佛教建筑	较好	净藏禅师塔创建于唐天宝五年（746年）是我国现存最早的八角形仿木结构砖塔，是佛教建筑传入后被中国传统建筑吸收融合的实物例证，是说明嵩山多元文化融合发展的佳例。塔铭具有重要的文献价值，塔身仿木构造型对于研究唐代建筑工艺和时代特征有重要参考	优

序号	保护级别	名称	时代	位置	研究工作	规模	附属文物及出土情况
14	第四批国保	王城岗遗址	以龙山文化中晚期遗存为主，兼有裴李岗文化、二里头文化以及商周时期文化遗存的遗址	登封市告成镇八方村东北	经两次共12年的系统发掘，发表简报多篇，专题报告两部，研究论文数十篇	总面积约34.8万平方米	遗址分前期、后期。前期的遗迹以小城址、奠基坑为代表等；后期的遗迹以大城址（城墙、城壕）、祭祀坑等为代表
15	第四批国保	阳城遗址	东周	登封市告成镇东北	经多次科学发掘	面积约140万平方米	发现有大型夯土基址、蓄水池、节水闸、排水管道等
16	第五批国保	法王寺塔	唐	登封市区北7千米	有关于塔现状的测绘，也有塔地宫的发掘简报	6座塔，最高15级	二号塔地宫发掘，出土唐高僧真身像、鎏金镂孔铜炉、迦陵频伽盒等珍贵文物
17	第五批国保	永泰寺塔	唐金明	登封市西11千米	少	11级	永泰寺现存三塔，除唐塔外，还存有金均庵主塔和明肃然和尚喇嘛塔
18	第六批国保	刘碑寺造像碑	北齐	登封市大冶镇	《刘碑寺造像碑研究》		碑首雕盘龙6条，下刻有大佛像数尊至下并有数小龛，内均雕佛像
19	第六批国保	崇唐观石刻造像	唐	登封市区北3千米	少		造像须弥座上浮雕有五伎乐，分别为弹琵琶、吹笛、舞蹈
20	第六批国保	大周封祀坛遗址	唐	登封市区西	从史学角度对于相关历史背景有深入研究	约1000平方米	武周万岁登封元年腊月碑

可观赏性	功能性质（居址\墓葬\手工业\宗教遗存）	保存现状（真实性\完整性）	价值/意义	综合评估
良	城址、居址、村落、祭祀坑等	北部保存较差，中南部保存较好	该遗址与文献记载的"禹都阳城"可能有一定的联系，是中原腹心地带龙山文化时期最大的城址；且内外城相套，为中国早期城址的平面布局关系研究提供了极为重要的资料。同时，该遗址是中原地区龙山文化时期向夏时期过渡的重要研究材料，是研究中原地区龙山文化时期社会手工艺、社会阶层分化的绝佳研究场所	优
良	东周军事城堡、墓地、手工业作坊	较好	该遗址对研究我国春秋战国时期的城市布局、城墙夯筑方法及城市供水设施等具有很高的价值，也在研究军事城址与都城、采邑间关系、结构差异方面具有重要学术价值	优
优	佛教建筑	较好	法王寺现存六塔从唐至清，反映出佛寺时代的延续，是嵩山地区佛教文化源远流长的象征。六塔有单层塔、多层密檐塔两种形式，各具时代特色，是研究我国砖塔建筑的重要实例。其中，二号塔地宫的发掘，为唐和尚身塔的形制提供了完整的实物资料，出土的泥塑像是较为罕见的高僧真身像，具有极高的历史价值	优
优	佛教建筑	较好	永泰寺现存三塔从唐金至明，反映出佛寺时代的延续，是嵩山地区佛教文化源远流长的象征。三塔各具时代特色，形式也各异，是研究我国砖塔建筑的重要实例	优
良	佛教	好	刘碑寺造像碑立于北齐天保八年（557年），碑身集绘画、书法、雕刻于一体，是佛教与传统文化融合的反映	良
中	道教	较好	崇唐观石造像距今已有1300多年历史，是河南省现存最早的道教老君造像，反映了嵩山地区很早就传入道教文化，是其多元文化的代表之一	良
良	祭祀	较好	大周封祀坛遗址是女皇武则天封禅中岳时行禅少室——祭地之礼的场所，是嵩山地区"天地之中"地位的实物例证。封祀碑所记内容、书法，均具有极高的历史价值	优

序号	保护级别	名称	时代	位置	研究工作	规模	附属文物及出土情况
21	第三批省保	颍阳遗址	仰韶文化、龙山文化时期	登封颍阳镇颍阳街大路南	经考古调查、发掘，发表调查报告、简报	东西长600米，南北宽300米，面积18万平方米	发现房址、墓葬、窖穴等，出土陶器等
22	第七批国保	南洼遗址	以二里头文化时期为主，兼有商代、两周时期文化遗存	登封市君召乡南洼村东	发掘一次，发表简报一篇	约30万平方米	二里头文化时期的灰沟、水井、灰坑和墓葬等，出土有陶器、石器、蚌器、骨器、贝器、绿松石等
23	第二批省保	曲河窑址	唐宋	登封县东南曲河村	一般，考古调查，《河南省密县、登封唐宋窑址调查简报》，《文物》1964年2期	窑址东西长约1500米，南北宽约500米，面积约75万平方米	调查发现瓷器残片、窑具等
24	第一批省保	石淙河摩崖题记	唐宋	登封市人冶镇	少	40余幅	主要是武周时期摩刻的《夏日游石淙诗并序》和《秋日宴石淙序》
25	第四批省保	三祖庵塔	金	登封市嵩阳办事处	少	7级10米	塔身南面辟门，北壁嵌塔铭一方，铭曰："嵩山圣竹林寺重修罗汉感应记"
26	第七批国保	清凉寺	金至清	登封市西南少室山清凉峰下	少	二进院	寺内现存《登封县重修清凉禅院记》等碑刻共10通
27	第四批省保	龙泉寺	金至清	登封市石道乡	少	占地1720平方米	寺内千佛殿东、西、南三壁嵌有443尊砖雕佛像，现多已无存。寺内现存碑碣6通
28	第七批国保	南岳庙	明清	登封市大金店镇	少	三进院	大殿内壁画，檐下匾额等

续表

可观赏性	功能性质（居址\墓葬\手工业\宗教遗存）	保存现状（真实性\完整性）	价值/意义	综合评估
良	居址、墓葬	保存情况一般	该遗址是一处仰韶文化至龙山文化过渡时期的重要遗址	良
差	区域性聚落、墓地	较好	遗址中白陶遗存集中、数量极多，在中原地区考古工作中意义重大。遗址面积之大，延续时间之长，文化内涵之丰富，发展序列之完整，为嵩山地区所罕见	优
良	手工业遗址	较好	登封窑是我国北方唐宋时期一处重要的瓷器烧造中心，在中国陶瓷史上占有重要地位。曲河窑址是中国历史上的著名窑口——登封窑的代表，产品以民用为主，兼向宫廷进奉，其中以珍珠地装饰的各类器物最有特点	优
良	纪念	较好	石淙河摩崖题记主要记载武则天及群臣在此宴饮及赋诗等内容，是女皇嵩山封禅的历史见证，对嵩山"天地之中"地位有一定代表性。石淙河摩崖题记除武周时期摩刻的《夏日游石淙诗并序》和《秋日宴石淙序》之外，还有宋、金、明、清、民国历代游人题记近40幅，具有很高的历史及书法研究价值	良
优	佛教建筑	较好	三祖庵塔建于金元光二年（1223年），是嵩山佛教文化世代延传的历史见证。塔方形密檐叠涩式，中空筒状，颇具唐塔特征，是金塔袭古的典型之作	良
良	佛教建筑	已修缮，好	清凉寺大殿较大程度保存金代建筑遗构，是嵩山地区乃至河南早期木结构建筑少有的实例之一	良
良	佛教建筑	已修缮，好	龙泉寺千佛殿较大程度保存金代建筑遗构，是嵩山地区乃至河南早期木结构建筑少有的实例之一	良
良	道教建筑	已修缮，好	南岳庙大殿一定程度上保存金代建筑遗构，是嵩山地区乃至河南早期木结构建筑少有的实例之一	良

序号	保护级别	名称	时代	位置	研究工作	规模	附属文物及出土情况
29	第七批国保	登封城隍庙	明清	登封市城西街	少	8200平方米	明清重修碑刻五品，清代石狮一对等
30	第一批省保	崇福宫	宋至明	登封市太室山南麓	少	占地5000多平方米	院内保存有古树名木50余株，历代碑石10余品，比较重要的碑刻有《寇谦之传》碑，《元圣旨碑》等
31	第三批省保	黄城故城	东周	登封市君召乡黄城村	经系统调查与小规模试掘，有调查简报，未见正式考古报告	东西最宽处220米，南北长约600余米，面积约15万平方米	目前北城墙保存最好，高约7米，东城墙高约10米，西城墙高约8~13米
32	第四批省保	杨村遗址	裴李岗文化至龙山文化时期	登封市东华镇杨村北	经调查，有调查报告一篇	南北500米，东西300米，面积15万平方米	采集有丰富陶器
33	第四批省保	老君洞	明清	登封市太室山南麓	少	占地3500平方米	存清碑碣40通
34	第五批省保	向阳遗址	仰韶文化时期	登封市唐庄乡向阳村	经试掘与调查，有试掘纪要	东西392米，南北315米，面积约12万平方米	采集标本包括陶器、石器等
35	第五批省保	袁村遗址	裴李岗、仰韶、龙山文化时期	登封市东华镇袁村	经考古调查，有调查报告一篇	东西350米，南北300米，面积10万平方米	出土陶器等

续表

可观赏性	功能性质（居址\墓葬\手工业\宗教遗存）	保存现状（真实性\完整性）	价值/意义	综合评估
优	道教建筑	较好	登封城隍庙是登封这座古城的代表性遗存，大殿保存有明代建筑风格，具有一定的研究价值	良
优	道教	好	崇福宫创建年代久远，不仅是道教活动之所，也是儒家讲学之地，集中体现了儒道文化的融合。宫内泛觞亭遗址上的流盃渠，是我国当前最早的流盃渠实物遗存。玉皇殿、三皇殿均为砖石无梁仿木结构、拱券顶建筑形式，这是清代建筑中嵩山地区独有的建筑手法，充分体现了嵩山地区多石的地区特色	优
良	城址	一般	根据古文献记载，黄城古城自东周修建，属于王畿，是郑、韩两国的西方重镇。汉代曾对城内进行加宽夯筑，至清代对城墙再次进行加固，并修建了南、北两城门	良
良	聚落遗址	一般	该遗址是一处重要的裴李岗文化至龙山文化时期的聚落遗址，其发现为中华文明起源提供了重要实物资料	良
良	道教建筑	一般	登封老君洞是嵩山地区道教文化的反映。借建筑已毁，近年重建，仅存清代碑刻	中
良	聚落遗址	一般	该遗址是一处仰韶文化时期重要遗址	良
良	聚落遗址	一般	该遗址是一处集裴李岗文化、仰韶文化、龙山文化遗存的大型聚落遗址，对于研究中原地区新石器时代文化的发展及演变过程，以及各文化之间的承袭关系，具有重要价值	良

序号	保护级别	名称	时代	位置	研究工作	规模	附属文物及出土情况
36	第五批省保	程窑遗址	龙山文化时期	登封市东华镇程窑村	经过考古试掘，有考古试掘简报一篇	南北长300米，东西250米，面积7.5万平方米	出土陶器等遗物
37	第五批省保	前庄瓷窑遗址	唐至元	登封市宣化镇前庄村	少，《登封市王村乡大型唐宋瓷窑群"神前窑"址的发现与研究》，《许昌学报》1999年3期	长、宽约300米，面积9万平方米	有残窑遗存，地表及窑址内有大量白瓷、花釉、白瓷绿斑等瓷片，同时发现珍珠地瓷片，还有发现窑具
38	第五批省保	二仙洞石刻	明	登封市太室山三皇口东	少		现存除明代雕刻神像一尊外，还有清同治六年修建佛洞神阁、三清殿神像，同治十一年（1872年）重修神阁一座，民国三十五年（1946年）碑一通
39	第五批省保	玉溪宫	明清	登封市唐庄乡	少	占地2021平方米	存有明、清时期碑刻、石雕约10余件
40	第五批省保	安阳宫	民国	登封市少室山东北麓	少	约500平方米	存有民国碑刻20余通
41	其他重要遗址	西施遗址①	旧石器时代晚期	登封市大冶镇西施村东南	2005年调查发现，2010年4—7月发掘。初步资料发表于2010年《中国文物报》与《中国考古重要发现》等。详细的古环境、年代学与考古学等多学科正在进行	南北长50米，东西宽30米，面积约1500平方米	完整的石叶石器制造场遗迹以及8000多件石制品

① 该遗址入围"2010年度全国十大考古新发现"前56项。

续表

可观赏性	功能性质（居址\墓葬\手工业\宗教遗存）	保存现状（真实性\完整性）	价值/意义	综合评估
良	聚落遗址	一般	该遗址与王城岗遗址同属一文化类型。从地域来看，两遗址间距仅有5千米，是历史记载和古代传说中的夏人活动无疑。因此，程窑遗址的发掘为探索夏文化提供了一批重要实物资料	良
差?	手工业遗址	一般	前庄瓷窑遗址推测是民间著名窑场——"神前窑"的核心窑址，分布于古河道两岸，规模较大，从唐、五代至宋元时期，一直延续烧造	良
良	道教	一般	二仙洞石刻是嵩山地区民间信仰和道教文化的反映。石雕神像具有较高的艺术价值，对研究明代石雕艺术提供了参考	中
良	道教建筑	较好	玉溪宫历史上是中岳嵩山的道教活动场所之一，是嵩山地区道教文化的反映	中
良	儒释道	较好	安阳宫虽创建年代较晚，但宫内供奉有老君、女娲、观音、孔子、佛陀、三皇、圣母等，是嵩山地区儒释道三教融合的集中反映	良
良	石器制造场遗迹	遗址地层剖面保存完好	西施遗址的新发现，为中原地区旧石器时代晚期存在着典型石叶工业提供了确切的证据，进一步完善了中国北方旧石器时代晚期文化发展的编年序列，也为探讨我国及东北亚细石器技术的起源与发展等课题提供了非常重要的新证据	优

附录四 巩义市

序号	保护级别	名称	时代	位置	研究工作	规模	附属文物及出土情况
1	第二批国保	巩县石窟	北魏	郑州市巩义市河洛镇	报告《巩义石窟》及相关研究	大型洞窟5个	千佛龛1个，摩崖造像3尊，摩崖像龛328个，碑刻题记186篇，佛像7743尊
2	第二批国保（原第一批省保）	宋陵	北宋	巩义市市区及芝田、西村、回郭镇	丰富，帝陵经过考古勘察，发掘有永定陵上宫、永定陵神院、元德李后陵地宫，出版有调查及发掘报告《北宋皇陵》	占地面积30余平方千米	石刻、碑志，永定陵上宫出土砖、瓦及建筑饰件，元德李后陵地宫装饰有石刻画像、砖雕、壁画，并出土瓷、石、铁、铜、玉器等
3	第五批国保	康百万庄园	明至民国	巩义市康店镇	充分	建筑面积6万多平方米	石雕、木雕、砖雕、家具
4	第六批国保	巩义窑址	隋、唐	巩义市东约5千米的白河两岸	丰富，研究成果包括《中国巩义窑》、《黄冶唐三彩窑》、《黄冶窑考古新发现》等	遗址分布于白河两岸的水地河村、白河村、铁匠炉村、大黄冶村、小黄冶村，南北长约5千米。其中，白河村遗址南北长3000米，东西宽1000米，面积300万平方米。黄冶唐三彩窑址南北长500米，东西宽1000米	考古发掘出北魏时期窑炉等遗物，出土有青瓷、白瓷、三彩、青花瓷片等，以及三角形、柱形等支烧窑具
5	第七批国保	稍柴遗址	河南龙山文化及二里头文化、商代文化遗址	巩义市芝田镇稍柴村周围及小訾殿村附近	经前后两次发掘，系统调查多次，发表简报两篇，研究论文多篇	总面积约200万平方米	新近发现双重环壕，年代不详。既往发掘所见皆为居址、墓葬

重要遗存分析表

可观赏性	功能性质（居址\墓葬\手工业\宗教遗存）	保存现状（真实性\完整性）	价值/意义	综合评估
优	佛教建筑	已修缮，好	巩县石窟始凿于北魏末年，深受云冈石窟和龙门石窟影响，是郑州地区佛教文化艺术的代表。从石窟寺的形制、造像风格及题记来看，巩县石窟寺的结构紧凑、严谨，雕刻内容丰富、精美。构图设计富于整体性，在雕刻史上具有一定的地位，特别是窟内保存许多完整的帝后礼佛图、伎乐人、神兴佛寺大殿王像、飞天等，窟顶平棋等雕刻精美，保存完整，是全国稀有的石窟雕刻精品	优
优	墓葬	部分修缮，一般	宋代帝王陵寝共两处。相较于位于浙江绍兴宝山下的南宋皇陵，巩义市北宋皇陵规模宏大，陵园建筑基址和神道石刻雕像保存完整，是宋代陵墓制度的集中体现，在中国陵寝发展史上占有重要地位。帝王陵寝制度是古代社会丧葬礼仪中的最高等级，是礼仪典章制度的重要组成部分，不仅反映了当时的社会风尚和丧葬习俗，还深刻体现了每个朝代物质文化兴衰的历史	优
优	居住\商贸	好	康家以农业经济为基础，富甲三省，船行六河，是郑州地区区位优势的集中体现。庄园历经明、清、民国三代，以寨上住宅区为中心，呈扇形往东发展，借鉴黄土高原窑洞和中原北方四合院形式，吸收官式建筑、园林建筑和军事堡垒建筑的特点，它是建筑文化交流融合的集中体现	优
良	手工业遗址	一般	巩义瓷窑为研究中国北方白瓷的起源、发展提供了实物资料，具有较高的学术价值。根据窑炉内出土情况分析，早期白瓷是从烧制青瓷的基础上逐步改进过来，代表了我国制瓷史上青瓷向白瓷转化的一个里程碑，也为探讨青瓷与白瓷的关系这一学术问题提供了重要实物资料。三彩瓷是巩义窑址的一大亮点，其中，黄冶窑是目前我国发现的唐代烧造三彩器时代最早、规模最大、产品种类最多、烧造工艺最高、持续时间最长的一处窑场。同时，巩义瓷窑还是青花瓷的发祥地之一。近年来巩义窑址的考古发掘资料表明，在中晚唐时期地层和灰坑内清理出不少白釉点画蓝彩的钴蓝彩釉瓷器标本，这为青花瓷的起源、创烧提供了重要的实物依据。2006年郑州市出土的青花塔形罐是一件成熟的唐代青花瓷器，对比巩义窑出土的青花瓷片，可以确定它为巩义窑烧制，由此一举奠定了巩义窑青花故乡地位	优
差	环壕聚落。居址、祭祀坑	较好	该遗址是郑州地区最为重要的一处次级聚落，是距离大师姑、二里头遗址最为接近的二里头文化时期的高等级聚落，意义重大。此外，其地理位置位于洛汭之中，这对于研究洛河以及黄河的水文变迁、史前环境复原具有重要意义	优

序号	保护级别	名称	时代	位置	研究工作	规模	附属文物及出土情况
6	第七批国保	花地嘴遗址（含淖沱岭遗址）	以新砦阶段遗存为主，兼有河南龙山文化晚期和二里头文化时期遗存，淖沱岭与花地嘴遗址一沟之隔，年代属龙山文化时期	巩义市站街镇北瑶湾村南侧较为平坦的台地上	经系统调查发掘，仅发表简讯一篇，研究论文多篇	花地嘴遗址总面积约30万平方米；淖沱岭遗址约10万平方米	发现四条环壕、环壕东南大门、两个祭祀坑、数十个灰坑等，出土陶质标本近600件，玉器多件
7	第七批国保（原第一批省保）	铁生沟冶铁遗址	汉	巩义市西南铁生沟村	丰富，经过考古发掘，出版正式发掘报告《巩县铁生沟》	东西长180米，南北宽120米，总面积21600平方米	重要遗迹有炼炉十八座、熔炉一座、锻炉一座、藏铁坑七个、矿石坑一个、配料池一个、房基四座和生产场地一处，遗物包括铁器、陶器及耐火材料、建筑材料、铸范共1000多件
8	第五批省保	兴佛寺	明	巩义市河洛镇	少	建筑面积100平方米	雕塑
9	第七批国保	张祜庄园	清	巩义市新中镇	少	6院	
10	第七批国保	刘镇华庄园	民国	巩义市河洛镇	少	6院	
11	第一批省保	杜甫诞生窑	唐	巩义市站街镇	少	占地200平方米	
12	第二批省保	康北古城址	东周	巩义市康店镇康北村	经系统调查与小规模试掘，有调查简报，未见正式考古报告	仅存西城墙1千米	现存清同治五年西寨墙400米，城正中有一块南北250米，东西100米台地，上有"巩王阁"一座，又称"红阁"

续表

可观赏性	功能性质（居址\墓葬\手工业\宗教遗存）	保存现状（真实性\完整性）	价值/意义	综合评估
差	环壕聚落、居址、祭祀坑	较好	该遗址的发现对夏代文化的认识和研究有着重要意义，对探索夏代早期文化和中华文明之源也具有特别重要的意义。遗址文化因素复杂，对研究龙山晚期文化的交流、人群的互动有着重要意义。同时，该遗址与一沟之隔的滹沱岭遗址位置临近，年代衔接，对研究遗址的变迁与微环境内的人群迁徙、遗址的兴废规律研究有重要的研究价值	优
良	手工业遗址	一般	该遗址是我国西汉时期一处大型冶铁及冶炼铸造遗址，具有重要的学术价值，为研究汉代的冶铁工业和生产力发展，提供丰富资料。遗址各功能区区分明显，经发掘发现的汉代炼炉、藏铁坑、配料池、矿石和房舍等遗址，揭示出我国在汉代就已经具有完备的冶炼工序。其中，低温炒钢炉是世界冶金史上最光辉的成就之一，铁生沟遗址中发现的低温炒钢炉，标志着我国炒钢技术的发明，比欧洲早约1900年	优
优	佛教建筑	一般	仅存大雄宝殿，殿内三世佛及18尊罗汉像，造型精美，是中原地区稀有的明代造像	良
良	居住	较好	庄园为清代民国张祜家族住宅，具有黄土高原窑洞和中原北方四合院的典型特点	中
良	居住	一般	庄园为典型的民国官僚地主住宅，下院建有"仿重庆大厦"等西式建筑，反映了半殖民地半封建社会的历史和建筑特色	良
中	纪念	较好	巩义是杜甫诞生地，其旧址虽有后人附会之意，但作为对杜甫纪念的具象体现，具有一定的历史意义	中
良	城址	一般	据碑载，周显王二年，周惠王封其子姬班于巩，奉王号"东周"，称东周惠公，并在此建城，具有重要历史地位。该城址对于研究中国早期城市的形成、发展具有重要意义	良

序号	保护级别	名称	时代	位置	研究工作	规模	附属文物及出土情况
13	第三批省保	洪沟遗址	旧石器时代	巩义市河洛镇洪沟村	两次考古试掘，试掘简报一篇	面积不详	发掘出土大量古脊椎化石与石制品，部分石制品有烟熏痕
14	第三批省保	水地河	裴里岗文化、仰韶文化、龙山文化时期	巩义市北山口镇	经考古调查及试掘，调查报告一篇、发掘简报一篇	东南长500米，西北宽300米，总面积15万平方米	出土陶器、石器
15	第七批省保	慈云寺石刻	元至清	巩义市大峪沟镇	《河南省巩义市慈云寺调查记述》	43通碑	石碑，其中重要碑刻有明天顺四年（1460年）的《释迦牟尼双足灵相碑》、《青龙山慈云禅寺五十三峰圣景之图》碑等
16	第四批省保	苇园瓷窑址	隋、唐至宋	巩义市米河镇苇园村	一般，考古调查	面积30万平方米	东苇园发现瓷窑一处，西苇园发现三处，采集有黑釉、酱釉、黄釉等瓷器标本
17	第五批省保	喂庄遗址	仰韶文化时期	巩义市坞罗河台地上	经考古调查与试掘，有调查简报	南北长200米，东西宽约150米，面积3万平方米	文化层包含陶片、残石器、木炭、兽骨、蚌壳等
18	第五批省保	赵城遗址	仰韶文化时期	巩义市鲁庄镇赵城村	经过考古试掘	东西长500米，南北宽200米，面积10万平方米	发现墓葬、房基等，出土器物以陶器为主

续表

可观赏性	功能性质（居址\墓葬\手工业\宗教遗存）	保存现状（真实性\完整性）	价值/意义	综合评估
良	为先民肢解、分食猎物的场所	一般	该遗址的发现，对中原地区早期人类活动的研究提供珍贵资料。遗址出土有大量石制品、动物化石与用火痕迹，其揭露了洪沟先民的主要经济活动与分食加工特点	良
良	居址	一般	该遗址的发现对研究裴里岗文化向仰韶文化、龙山文化过渡有重要价值	良
良	佛教	一般	慈云寺为海内外名寺大刹，据法王寺《重修大法王寺碑记》云："嵩阴慈云，洛阳白马，嵩阳法王，乃中国作寺之始"。慈云寺建于东汉明帝永平七年（64年），相传印度僧人摄摩腾、竺法兰二僧在此译经，自此以至民国，上下延续长达近两千年，有如唐玄奘等名僧主持，其在中国佛教临济宗、曹洞宗的发展史上，起着举足轻重的作用。其影响远至异国他乡，在日本诸地还出现有慈云禅寺分寺，这都说明慈云寺在中国乃至世界佛教文化发展史中的中心地位慈云寺所存碑刻内容包括寺院的兴衰、佛教宗派沿袭与变迁、农民生产活动情况、古代工商管理制度、兵役制度、行政建制、官吏制度、寺院管理机构与职务名称、自然地理记述、诗文佳作、历史灾害等重，它们为研究古代佛教文化、历史沿革、行政建制等都提供了重要的资料，具有极高的历史价值。此外，慈云寺所在的青龙山森林公园环境优美，有自己独特的自然人文景观	优
良	手工业遗址	较差	该窑址瓷器胎质较粗，属于民窑系统，但创烧时期较早，推测在南北朝时期，至隋唐兴盛，在中国陶瓷发展史上有重要意义	良
良	居址	较差	该遗址为仰韶文化晚期遗址，兼有少量仰韶文化中期遗存，对中原地区仰韶文化研究有重要价值	良
良	居址、墓葬	较差	该遗址的发现对于中原地区仰韶文化的研究具有重要作用	良

序号	保护级别	名称	时代	位置	研究工作	规模	附属文物及出土情况
19	第五批省保	塌坡遗址	仰韶文化时期	巩义市康店镇解放岭村	新中国建立前经过考古试掘，但材料全部丢失。上世纪九十年代进行调查，发表调查简报一篇	东西长200米，南北宽200米，面积4万平方米	发现有房基、灰坑遗迹，采集有陶器残片
20	第五批省保	米北遗址	仰韶文化时期	巩义市米河镇米北村	经考古调查、试掘，有考古发掘简报	东西宽110米，南北长300米，面积3万平方米	发现房基1座、成人墓葬1座、小孩瓮棺葬1座、窖穴3个，出土陶片、石器、骨器、烧土块等
21	第五批省保	伏羲台遗址	仰韶文化、龙山文化时期，兼有周代文化	巩义市河洛镇	经考古试掘，有发掘简报	南北长300米，东西宽200米，面积6万平方米	发现房基、灰坑、墓葬遗迹，并采集陶器残片、石器等
22	第五批省保	福昌寺	明	巩义市米河镇	少	三路二进	石刻
23	第五批省保	蔡庄文魁坊	明	巩义市芝田镇	少	高8.8米，宽3.6米	石刻
24	第五批省保	刘家大院	清	巩义市芝田镇	少	占地2600平方米	
25	第五批省保	泰茂庄园	清	巩义市新中镇	少	占地10000平方米	
26	第五批省保	青龙禅寺	清	巩义市北山口镇	少	占地4340平方米	壁画
27	第五批省保	涉村东大庙	清	巩义市涉村镇	少	占地面积5000平方米	石供床
28	第五批省保	启圣阁	清	巩义市芝田镇	少		
29	第五批省保	程家大院	清至民国	巩义市米河镇	少	占地3600平方米	

续表

可观赏性	功能性质（居址\墓葬\手工业\宗教遗存）	保存现状（真实性\完整性）	价值/意义	综合评估
良	居址	较差	该文化遗存具有鲜明的豫中地区仰韶文化特征，各期的代表陶器与豫中地区经过发掘的郑州大河村、荥阳点军台的同类遗存的类型特征、文化面貌一致，是中原地区仰韶文化时期重要遗址	良
良	居址、墓葬	一般	米北遗址仰韶文化的连续性和阶段性变化明显，是豫中地区仰韶文化的一处典型遗址，对于这一地区仰韶文化的研究有重要价值	良
良	居址、墓葬	一般	伏羲台遗址包括仰韶文化中期、仰韶文化晚期、龙山文化早期及周代遗迹，文化层堆积较厚。因此，其对于研究本地区的文化发展具有重要价值	良
良	佛教建筑	较好	寺院三路两进，规模宏大，始建于宋代，且存有"伽陵频迦"等较为罕见的石刻像，具有一定的历史及艺术价值	中
优	纪念建筑	好	该石坊是为明万历丁酉科选贡、庚子（1600年）御赐进士赵景星所建，反映了儒家功名的影响。石坊上做庑殿顶，通体雕刻，规格较高，是明代石坊的代表作	良
	居住	较好	刘家大院建筑均为硬山式砖木结构，院落均为二进合院式，房屋多两到三层，是北方平原民居的常见形式	中
	居住	较好	庄园规模宏大，依山就势而建，为郑州地区典型的窑洞与四合院相结合的民居，具有一定的历史价值	中
中	佛教建筑	较好	青龙禅寺与青龙山慈云寺相继而建，是僧人及信众往返于白马寺与慈云寺之间接待歇息的驿站。现大佛殿内壁画不是直接绘在墙壁上的，而是画在加厚宣纸上裱在墙上的，这种贴络壁画较为罕见	中
中	道教（民间信仰）建筑	好	寺院规模较大，现存有宋代宣和二年（1120年）的石供床，较为罕见	中
优	景观建筑	较好	启圣阁原属河大王庙的附属建筑，重檐四方亭阁式，滨临伊洛河，具有良好的景观效果	中
	居住	较好	程家大院为郑州地区典型的靠山筑窑洞与四合院相结合的民居，规模较大，建制规范，具有一定的历史价值	中

附录五　新密市

序号	保护级别	名称	时代	位置	研究工作	规模	附属文物及出土情况
1	第三批国保	打虎亭汉墓	东汉	密县城西6千米的绥水南岸打虎亭村西	丰富，经过考古发掘，发表考古报告《密县打虎亭汉墓》	景区占地面积33000平方米	壁画、石刻画像，仅出土陶器碎片
2	第五批国保	古城寨城址	包含仰韶文化、龙山文化、二里头文化、二里冈文化、商、汉及北宋时期遗存，以龙山文化时期遗存为主	新密市曲梁乡大樊庄古城寨村	经系统调查发掘，有发掘简报一篇，研究论文多篇	城址面积17万平方米	龙山文化时期的城址，现存东、南、北三面城墙和南北相对两座城门缺口；其大房面积近100平方米为廊庑式建筑；另有个别时代灰坑、陶窑等遗存
3	第六批国保	新砦遗址	河南龙山文化时期、新砦（阶段）及二里头文化早期城址	新密市刘寨镇新砦村	经系统发掘，有发掘简报5篇，专题报告一部，研究论文多篇	城址面积约100万平方米	有外壕、城壕、内壕共三重防御设施，中心区建有大型浅穴式建筑的城址。现存东、北、西三面城墙及贴近城墙下部的护城河
4	第七批国保	李家沟遗址[①]	旧石器时代晚期至新石器时代早期	新密市岳村镇李家沟村西	已在《考古》等期刊出版发掘简报告及相关研究成果	东西长40米，南北宽50米，总面积约2000平方米	典型细石器、新石器时代早期文化与裴李岗文化三叠层的典型剖面；石圈等居住遗迹；早期的陶片、局部磨制石铸与典型的细石器共存
5	第七批国保	曲梁遗址	以二里头文化为主，兼有龙山文化、商、汉代遗存	新密市曲梁乡曲梁村北	发掘一次，发表报告一篇，论文多篇	约24万平方米	清理有灰坑、墓葬、水井等遗迹。出土有二里头文化、商代陶器、石器等

① 该遗址被评为"2009年全国考古十大新发现"。

重要遗存分析表

可观赏性	功能性质（居址\墓葬\手工业\宗教遗存）	保存现状（真实性\完整性）	价值/意义	综合评估
优	墓葬	已修缮，较好。墓内壁画经复制	打虎亭汉墓的两座墓葬，为目前中原地区保存最好的东汉壁画墓，两墓东西并列，使用砖石砌券而成，规模宏伟巨大。两座墓葬分别雕有300多平方米的石刻画像和绘制有200多平方米的彩色壁画，在中国美术史上具有极高的艺术地位。石刻画像与彩色壁画内容反映了东汉时期人们的日常生活、宗教信仰，是历史学、考古学、社会学、宗教学等多学科研究的重要参考资料	良
好	城址、居址、村落、墓葬	较好	古城寨古城是中国目前仍屹立在地面之上、保存最为完好的龙山文化古城，为探索夏文化、研究我国文明起源与国家形成提供了宝贵资料。遗址的其他时代遗存对于研究地方经济社会具有极为重要的意义	优
差	城址、居址、墓葬	较好	新砦城址的发现，填补了龙山文化晚期与二里头文化早期之间缺环的空白，为研究早期环壕聚落向夯土城址的过渡提供了重要的材料	优
良	居住遗迹	遗址地层剖面保存完好。已得到妥善保护；已筹备进行征地并建设保护大棚等工作；周边环境较好，可建小型遗址博物馆	李家沟遗址包含旧石器时代晚期到新石器时代早期文化叠压关系的地层剖面，即裴李岗文化、前裴李岗文化与细石器三叠层。"李家沟文化"的新发现，填补了中原及邻近地区从裴李岗文化（阶段）到旧石器时代晚期文化之间的空白，细石器层新发现局部磨制石器与陶片，为研究本地区新石器时代文化的起源提供了珍贵资料与证据。此外，李家沟遗址多层文化的叠压关系，提供了中原地区旧、新石器时代过渡进程的重要信息	优
差	区域性聚落	较好	该遗址是郑州地区保存较好的夏代晚期至商代早期的聚落，对于研究夏商分界、考古学文化变迁对同一遗址的影响有重要价值	良

序号	保护级别	名称	时代	位置	研究工作	规模	附属文物及出土情况
6	第七批国保	后士郭壁画墓	东汉	新密市区西大街办事处后士郭村	一般，经过考古发掘，有两篇发掘简报	遗址面积约1200平方米	三座墓均有壁画和画像石装饰，1号墓出土遗物233件，2号墓出土遗物240件，包括陶、铜、铁、玉石器四类
7	第一批省保	窑沟瓷窑遗址	宋、金	新密东南大隗镇窑沟村	一般，经过考古调查，有一篇调查报告	遗址面积约20万平方米	遗物丰富，包括瓷片和窑具残片堆积
8	第七批国保	密县县衙	明	新密市老城	较少	占地面积35000平方米	县衙内主体建筑均有精美的木雕、石雕
9	第一批省保	沙石嘴遗址	仰韶文化时期	新密市岳村镇苇园村	经考古试掘与调查，有调查简报	东西长174米，南北宽158米，面积2.7万平方米	遗址断崖发现袋状灰坑，遗址上发现有红烧土残块，采集有陶器、兽骨等
10	第一批省保	超化寺塔	唐	新密市超化镇	较少	13级30米	寺内有北齐造像碑，转至博物馆
11	第七批国保	密县瓷窑遗址	唐、宋	新密市老城西关	丰富，经考古发掘，有一篇发掘简报	南北长1080米，东西宽200—300米，面积30万平方米	出土有白瓷、青瓷、黑釉、酱釉、黄釉等瓷器

续表

可观赏性	功能性质（居址\墓葬\手工业\宗教遗存）	保存现状（真实性\完整性）	价值/意义	综合评估
优	墓葬	较好	后士郭汉代石壁画墓为东汉时期砖石结构墓葬，墓室规模较大，出土物丰富，且三座墓葬均保存有精细的壁画及画像石装饰，是进行东汉历史、文化与社会研究的重要物质材料。其中，一号墓出上的陶仓楼所绘彩色收租图，是一副不可多得的壁画资料，在汉代艺术史上有重要地位	良
良	手工业遗址	较差	该窑场是中国北方地区宋金时代的一座重要民间窑场，虽无文献记载，但对于研究宋金时代瓷器发展有重要价值，其作品为国内及国外不少博物馆珍藏。出土瓷器以白釉为主，其次是黑釉瓷。器物形制、釉色、纹饰与扒村窑、西关窑等有相似处，特别是宋金时期，这三座窑场的关系十分密切，无论从制瓷技术、器物品种、造型、装饰手法等，都易于混淆	优
优	衙署建筑	已修缮，好	密县县衙在建筑风格上，沿袭了我国北方地区对称的传统的建筑布局，突出了我国北方粗犷、端庄、古朴的地方建筑特点，同时又受南方经济文化的影响，在木作、石雕技艺方面，融入了南方建筑工艺精巧、细腻的特点。此外，密县县衙规模较大，保存完整，是河南地区三衙之一，在仪门前的莲池更为密县县衙所独有。作为我国县级衙门难得的实例，它对研究我国古代衙署建筑布局有一定价值	良
良	居址	较差	该遗址文化遗存丰富，为研究豫中地区仰韶文化分期提供了新的资料	良
一般	佛教建筑	差	该塔为河南地区少有的唐密檐塔之一，惜已被拆除	差
一般	手工业遗址	较差	流行于宋代瓷器的珍珠地划花装饰，为西关窑所创，该装饰线条流畅，圆润优美，雍容华贵，具有较高的艺术价值。根据考古发掘分析瓷窑结构，该窑属于北方磁州窑系，是一处晚唐至宋初的民间窑场	良

序号	保护级别	名称	时代	位置	研究工作	规模	附属文物及出土情况
12	第一批省保	法海寺塔	宋	新密市老城	少		塔地宫内出土有两方形石函、一座宋三彩琉璃方塔、瓷舍利盒、玻璃器、铜佛像和钱币等文物，石函和塔上均有咸平二年题记
13	第二批省保	马良沟遗址	裴李岗文化晚期	新密市来集镇马良沟村	经考古试掘，有试掘简报一篇	南北长233米，东西宽182米，面积4.2万平方米	出土陶器、石器等
14	第五批省保	马鞍河遗址	仰韶文化时期	新密市西大街办事处马鞍河村	经考古调查，有调查纪要	东西360米，南北281米，面积10万平方米	调查发现房基、红烧土，采集有陶片、石器等
15	第五批省保	王垌遗址	仰韶文化、二里头文化时期	新密市新村镇王垌村	经过考古调查，有调查纪要	南北长400米，东西宽300米，面积12万平方米	出土陶器、石器等
16	第五批省保	月台瓷窑遗址	唐、五代至宋	新密市牛店镇月台村月台河两岸的郭窑村和柴窑村	一般，经过考古勘探、试掘	东西长1000米，南北长1500米，总面积150万平方米	遗址上窑址暴露有数十处，有青瓷、白瓷片堆积
17	第五批省保	大隗洪山庙	元	新密市大隗镇	有研究论文一篇	一路二进	主殿内有4根盘龙浮雕石金柱，前后檐和东西两山面的垫拱板上有戏剧人物画
18	第五批省保	密县城隍庙	明	新密市老城	少	占地4140平方米	现存琉璃照壁、铁狮、石坊等
19	第五批省保	屏峰塔	清	新密市北清屏山	少	九层19米	

续表

可观赏性	功能性质（居址\墓葬\手工业\宗教遗存）	保存现状（真实性\完整性）	价值/意义	综合评估
一般	佛教建筑	差	塔本身和出土文物极具历史艺术价值，但塔已毁，出土文物在博物馆展示	差
良	聚落遗址	一般	该遗址是中原地区新石器时代早期重要遗址，为新石器时代早期文化的研究提供了重要资料	良
良	聚落遗址	一般	该遗址对研究新石器时代仰韶文化有一定历史价值	良
良	居址	一般	该遗址为仰韶文化与二里头文化时期的重要遗址	良
良	手工业遗址		月台瓷窑遗址是郑州地区发现面积较大的五代至宋代的瓷窑遗址，根据考古发现、文献记载、地名与历史传说等方面考察，月台瓷窑遗址推测可能是文献记载的五代后周柴窑。此外，月台瓷窑遗址具有重要学术内涵，是古代瓷窑由北向南发展序列中的重要一环，在研究河南瓷窑由北向南的发展过程、钧窑、汝窑的发展源头，以及官窑瓷器起源等问题方面均有重要学术价值	良
良	民间信仰建筑	一般	洪山庙是祭祀洪山真人的祖庭，为河南地区民间药王信仰的代表，其信仰传播至周边地区。主殿具有元代建筑特征，是河南地区少有的早期建筑之一	良
优	民间信仰建筑	好	密县城隍庙位于密县老城西大街北侧，与县衙紧邻，是城市的方位标志，是密县古城的历史见证	良
优	民间信仰建筑	好	屏峰塔为密县城清代文峰塔，为城市景观之一，具有一定的历史价值和艺术价值	中

序号	保护级别	名称	时代	位置	研究工作	规模	附属文物及出土情况
20	第六批国保	魏长城	战国	新密市尖山乡，荥、密交界的香炉山、蜡烛山、沙岗、风门口、王岭、茶庵一线	较差，经多次文物普查与长城调查调查，无公开出版的学术调查报告，基础材料不详	现存城墙长5.8千米，墙基宽2.5米，最高处为2.5米	城垣为青石砌筑

续表

可观赏性	功能性质（居址\墓葬\手工业\宗教遗存）	保存现状（真实性\完整性）	价值/意义	综合评估
优，周围风景亦好	长城	较好	魏长城是战国时期由魏国修建的军事防御性建筑设施，在中国军事防御史上具有重要地位	优

附录六　新郑市

序号	保护级别	名称	时代	位置	研究工作	规模	附属文物及出土情况
1	第一批国保	郑韩故城与韩王陵	春秋战国	城址位于新郑市区及双洎河（古洧水）与黄水河（古溱水）交汇处；韩王陵位于郑韩故城西许岗村、王行庄村等地	自民国时期至今多次发掘，发表简报多篇，出版专题报告五部，图录一部，研究论文多篇	城址约21平方千米	城内各类遗迹丰富，夯土建筑基址，主要分布在西城中北部和东城中北部，手工业作坊遗址多位于东城区，墓葬分布较为广泛，郑国贵族墓地集中在城内南部，韩国贵族墓地多分布在城外，庶民墓区分布在故城四周。出土了一大批春秋中晚期青铜器，代表性器物有莲鹤方壶等
2	第五批国保	裴李岗遗址	裴李岗文化	新郑市新村镇裴李岗村	经多次考古发掘，研究较为丰富	面积约2700平方米	发掘墓葬114座、陶窑1座、灰坑22个，出土各类器物400余件
3	第五批国保	后周皇陵	五代	新郑郭店镇陵上村附近	较少	现主要开发庆陵，陵园总占地面积100亩。嵩陵现冢高12米，周长110米；顺陵现冢高4米，周长40米；懿陵冢高3米，周长30米	明代御制祭文碑33通，恭帝顺陵墓室、墓道保存有壁画
4	第六批国保	唐户遗址	裴李岗文化、仰韶文化、龙山文化、二里头文化、西周	于新郑市观音寺镇唐户村周围	发掘简报两篇，研究论文4篇	140余万平方米，其中裴李岗文化遗存面积达30万平方米	裴李岗文化时期房址30余座，聚落内还发现了排水系统等，并出土一批重要的文化遗物。西周墓葬出土有陶器、青铜器

重要遗存分析表

可观赏性	功能性质（居址\墓葬\手工业\宗教遗存）	保存现状（真实性\完整性）	价值/意义	综合评估
优	春秋郑国和战国韩国的都城及韩国国君墓地，包含城址、手工业遗址、墓地、祭祀遗址、车马坑等多处遗址	较好	郑韩故城的城市布局体现了当时东周列国都城的典型模式，是目前世界上同一时期保存最完整、城墙最高、面积最大的古城。其中，北墙外侧有数处马面建筑，是全国最早的新型城墙防御设施。同时，发现的11组28座韩王陵，为研究战国列国墓葬制度提供了极为重要的材料	优
良	聚落遗址	良好	该遗址的出土器物具有独具一格的文化面貌，被考古界命名为"裴李岗文化"，它填补了我国仰韶文化以前，中国新石器时代早期的一段历史空白，对我国史前文明研究具有重要意义。遗址中石磨盘、石磨棒等谷物加工工具的出土，代表了我国先民在新石器时代早期就已经从事原始农业，为研究这一时期的经济生产活动提供重要资料	良
优	墓葬	庆陵得到修缮，其他三座陵墓保护较差	后周皇陵是五代时期中原地区唯一保存下来的完整陵墓群，属于五代时期等级最高的皇陵，也是中国帝陵研究不可缺少的一段实物资料。明初曾建庆陵陵园，民国时虽遭军阀战争破坏，原明代所修的陵园门楼、围墙被扒毁，但庆陵前现仍保存有明代御制祭文碑33通	优
差	房址、村落、墓葬	遗址西侧破坏严重，但仰韶文化、龙山文化时期遗址、两周墓葬保存较好	唐户遗址是目前已知单体面积最大的裴李岗文化聚落，也是目前已知最早具有排水系统的聚落。其中，西周墓葬的发现为了解郑州地区南部与的西周封国有极为重要意义	优

序号	保护级别	名称	时代	位置	研究工作	规模	附属文物及出土情况
5	第六批国保	欧阳修墓	北宋	新郑市辛店镇欧阳寺村	较少		近代修建有陵园，依中轴线建有照壁、大门、内照壁、东西厢、大殿等建筑
6	第六批国保	李诫墓	宋	郑州市新郑市龙湖镇	较少，做过考古调查	李诫墓园占地近7万平方米	现存修整后的墓冢，及后来修建的墓碑、纪念亭等
7	第六批国保	轩辕庙		新郑市千户寨乡	少	仅存主殿，面积40余平方米	存石碑4通，但已不能辨识
8	第七批省保	赵庄遗址	旧石器时代晚期	新郑市梨河镇赵庄村西北	2005年调查发现，2009年10—12月发掘。初步资料发表于2010年《中国考古重要发现》等。详细的多学科综合研究，包括古环境、年代学等正在进行中	平面呈方形，南北长约100米，东西宽约100米，面积约10000平方米	发掘区揭露出古人类活动面，包括石器制造场与特殊的摆放石堆及象头遗迹。大量的石制品与完整的古棱齿象头化石
9	第七批国保	望京楼遗址	二里头文化、二里冈文化时期两座城址	新郑市新村镇望京楼水库东南	科学发掘一次，简报一篇	约168万平方米	二里头文化时期和二里冈文化时期两座城址，两城址之北发现了一条夏商时期的壕沟，二里冈文化时期城内道路及大型建筑基址、墓葬
10	第七批国保	人和寨遗址	龙山文化	新郑市辛店镇人和寨村西	经过系统调查，有试掘，未见简报	南北长700米，东西宽300米，面积约20万平方米	在遗址北部地面上，发现一段龙山文化时期的夯土遗存，并对夯土遗迹的走向进行钻探、调查，对地上部分夯土遗存进行试掘，证明遗址东部是一座夏商时期的古城址。遗址西南部是龙山文化遗存

续表

可观赏性	功能性质（居址\墓葬\手工业\宗教遗存）	保存现状（真实性\完整性）	价值/意义	综合评估
优	墓葬	已修缮，较好	欧阳修是北宋重要政治人物，杰出的文学家、史学家和政治家，古文运动领袖，一代文宗，"唐宋八大家"之一，在中国历史、文学等方面，均产生过重要影响。该墓地还葬有欧阳修家族其他成员，如其祖母、妻子、儿孙等，实为欧阳修家族墓地，是研究宋代家族埋葬制度、宋代家族史研究的重要材料	良
良	墓葬	已修缮，较好	李诫是我国古代伟大的建筑学家，他所编写的《营造法式》是中国建筑史上一个划时代的创举，对后世建筑技术产生了深远影响。该墓地保存有五座砖室墓，为李诫及其家族成员墓地，墓冢保存较好，是研究宋代家族及其家族墓地的重要资料	良
优	祭祀建筑	好	大殿台基、墙体、屋顶均用石材砌筑，模仿传统木结构建筑形式，在河南地区较为少见。轩辕庙被誉为黄帝祖庙，郑州中南部地区民间信仰的代表	良
良	石器制造场兼原始的"祭祀"遗迹	堆积较厚，地层剖面保存完好	赵庄遗址距今35000年前，人工搬运石块堆砌石堆，在其上放置古棱齿象头的遗迹现象是我国及东亚地区的首次发现。这种具有象征意义的活动是现代人行为的特征，标志着现代人在该地区的出现，是研究现代人在我国及东亚地区出现的重要证据	优
良	城址、大型夯土建筑基址	较好	二里头文化城址和二里冈文化城址位于同一地点，为国内首次发现，两城兴废更替，为夏商文化分界探讨增加了新的资料。此外，复杂的城门结构为中国古代城址的马面等设施的起源提供了重要的资料	优
差	居址、城址	遗址在地面上尚存一段城墙，其余遗存保存状况较好	发现的夏商时期城址性质、年代不明，但从宏观分布，应与望京楼等城址一并考虑起学术价值。其龙山文化时期遗存年代不明，值得探讨是否存在龙山文化、夏商时期共用城址	良

序号	保护级别	名称	时代	位置	研究工作	规模	附属文物及出土情况
11	第七批国保	苑陵故城	两周时期	新郑市龙王乡古城村东北部	经调查、试掘，未见较好的材料公布	面积约25万平方米	地表城墙保存较好，在北墙的东段中部和西段中部及东墙南北两端筑有马面13个。城内有许多高土台，城外有多座墓冢和烽火台遗迹，出土有大量铜器、陶器和米字纹空心砖
12	第七批国保	华阳故城	东周	新郑市郭店镇华阳寨村	经科学发掘，未发表简报	面积约36万平方米	地表四周城墙保存较好，城内发现有夯土建筑、灰坑、水井、墓葬等遗迹
13	第七批国保	凤台寺塔	北宋	新郑市城关乡	《凤台寺塔建筑结构与年代考略》	9级高19米	塔一层及地宫内均砖砌仿木构建筑样式
14	第五批省保	具茨山岩画	新石器时代	新郑市具茨山老山坪的山脊及其南坡，东坡的沙岩上	缺乏基础工作，仅有简单调查，也未对岩画进行统计、编号、测绘等基础工作。对岩画与周边遗址的关系没有任何说明	存量达3000多处（块）	有男女裸体形象和符号，较多的是沟槽、凹穴、网络状、方穴等
15	第四批省保	金钟寨遗址	龙山文化时期、新砦阶段	新郑市新村镇金钟寨	经过考古调查，有调查纪要	遗址面积约10万平方米	采集有陶器、角器、蚌器等
16	第四批省保	卧佛寺塔	明清	新郑市西关	少	七层	塔每面开券门，檐下砌砖雕斗拱
17	第五批省保	王垌遗址	仰韶文化、二里头文化时期	新郑市新村镇王垌村	经过考古调查，有调查纪要	南北长400米，东西宽300米，面积12万平方米	出土陶器、石器等
18	第五批省保	于寨遗址	龙山文化时期，兼有二里头文化时期	新郑市龙湖镇于寨村	经考古调查，未见正式调查报告	遗址面积1.5万平方米	采集陶片等

续表

可观赏性	功能性质（居址\墓葬\手工业\宗教遗存）	保存现状（真实性\完整性）	价值/意义	综合评估
优	有学者推测是西周时期郐国都城	较好	推测该城址是古郐国都城；为郑州地区古今叠压城址的研究提供了极为难得的材料	良
优	东周诸侯国都城	较好	推测该城址是古华国都城，为郑州地区古今叠压城址的研究提供了极为难得的材料	良
优	佛教建筑	好	凤台寺塔六角九级，层层叠涩向上内收，是河南省目前保存不多的北宋密檐式砖塔。塔尤存唐制，是研究唐宋砖塔嬗递的特例。塔地宫与仿木构砖室墓相似，是佛教文化与丧葬文化关系的一个侧面反映	良
良	岩画	一般	具茨山岩画遗址是中原腹心地区可以确认的面积最大的岩画地点，同类型遗存在周边地区十分罕见。另外，新郑已规划建新郑具茨山国家森林公园	良
良	居址	一般	该遗址是龙山文化时期和新砦文化阶段重要文化遗存	良
良	佛教建筑	好	塔明成化元年（1465年）建造，时代明确，在河南地区明代楼阁式砖塔中具有一定代表性	中
良	居址	一般	该遗址为仰韶文化的二里头文化时期的重要遗址	良
良	居址	一般	该遗址以龙山文化遗存为主，兼有二里头文化遗存，是研究新石器时代、夏代的重要古遗址	良

序号	保护级别	名称	时代	位置	研究工作	规模	附属文物及出土情况
19	第五批省保	古城遗址	龙山文化时期，兼有二里头文化时期遗存	新郑市龙湖镇古城村	经考古调查与试掘，未见试掘简报	东西长403米，南北宽319米，面积12.5万平方米	遗址上有灰坑、房基、窑址、红烧土等，地表采集有陶片、石器
20	第五批省保	大司遗址	龙山文化向二里头文化过渡时期	新郑市龙湖镇大司村	经考古调查，未见正式调查报告	东西长342米，南北宽200米，面积8万平方米	发现窑址、灰坑、墓葬等，采集有陶片、石器
21	第五批省保	铁岭墓地	东周	新郑市郑韩故城西北	经考古发掘，有墓地发掘简报	发掘面积4万平方米	发掘东周墓葬1300余座，以及灰坑、房基、水井、陶窑、陪葬车马坑等，出土遗物万件
22	第五批省保	陈氏三宰相墓	宋至明	新郑市郭店镇宰相陈村	少，《陈氏三宰相》、《〈陈省华神道碑〉与〈陈尧佐自制墓铭〉研究》，《西华师范大学学报》2003年5期	不详	墓区北有一座崇孝寺，陈省华墓前旧有的石羊、石虎及神道碑，现存放于此
23	第五批省保	高拱墓	明	新郑市阁老坟村	少	南北长250米，东西宽150米	墓前有石像生半掩地下，石刻仅存碑座

续表

可观赏性	功能性质（居址\墓葬\手工业\宗教遗存）	保存现状（真实性\完整性）	价值/意义	综合评估
良	聚落遗址	一般	是龙山文化时期，同时包含二里头文化遗存的一处重要遗址	良
良	居址与墓葬	一般	该遗址是一处龙山文化向二里头文化过渡时期的重要遗址	良
良	墓地	一般	铁岭墓地面积较大，出土遗物丰富，是郑韩故城外围最重要的一处东周墓地	良
良	墓葬	一般	陈氏父子三人皆为北宋重臣，其中陈尧佐官至参知政事、枢密副使，政绩突出，影响深远。并且，他还是北宋著名的书法家、画家，《宋史》有传。该墓为一茔三区，除陈氏父子外，还葬有陈氏家族有官职的人，形成一个庞大的陈氏家族墓葬群	良
良	墓葬	修缮，一般	高拱为明代嘉靖、隆庆时重臣，位居首辅之职，善于筹边、课吏、用人，政绩卓然。万历三十年（1602年），赠太师，谥文襄	良

附录七　荥阳市

序号	保护级别	名称	时代	位置	研究工作	规模	附属文物及出土情况
1	第六批国保	大师姑城址	二里头文化时期	荥阳市广武镇大师姑村和杨寨村南地	发掘一次，有专题报告一部，研究论文数十篇	约51万平方米	有夯土房址、灰坑、窖穴、灰沟等多处遗迹，出土有青铜工具、玉钺、玉杯，大量的石器和陶器。城址中部发掘出土有成片倒塌的夯土墙体和大量的陶制排水管道
2	第六批国保	织机洞遗址	旧石器时代中、晚期	荥阳崔庙镇王宗店村北	较好，20世纪90年代发掘简报已经发表。2001—2004年发掘报告已出版，已有相关论文发表	保存完好的石灰岩洞穴遗址，洞口高近20米，进深20余米	保存有完整的晚更新世至全新世初期的堆积，有数量众多的石制品与动物化石
3	第七批国保	秦王寨遗址	仰韶文化中晚期	荥阳市北邙乡秦王寨村西部	多次发掘，简报两篇；研究论文多篇	面积约3万平方米	灰坑、墓葬、房基、白衣彩陶十分有特色
4	第七批国保	青台遗址	仰韶文化中晚期	荥阳市广武镇青台村东，南临旃然河（枯河）	多次科学发掘，发掘简报一篇	总面积近10万平米	发掘有房基、窖穴、陶窑、墓葬等，出土有陶、石、骨、蚌、玉、角器等一大批相当珍贵的文化遗物
5	第七批国保	娘娘寨遗址	西周时期兴建，东周时期修补	荥阳市豫龙镇寨杨村西北	经科学发掘	面积约102万平方米	内外城及护城河，遗迹主要有城墙、城门、房址、夯土基址、墓葬、道路、排水设施、陶窑、灰坑、水井、灰沟、土灶等。出土遗物多为陶器，还有石器、骨器、蚌器、小型铜器和玉器等
6	第七批国保	京城古城址	东周	荥阳市豫龙镇京襄城村	经调查，未作发掘	面积约251万平方米	城墙保存较好，城内遗存尚不清楚

重要遗存分析表

可观赏性	功能性质（居址\墓葬\手工业\宗教遗存）	保存现状（真实性\完整性）	价值/意义	综合评估
差	城址	较好	该遗址是我国迄今为止发现的第一座二里头文化城址，位于二里头遗址与郑州商城之间，地里位置极为重要；这探讨夏代晚期夏商文化关系、夏商交替年代等一列我国夏商考古研究中的重大学术问题具有十分重要的学术价值	优
优	洞穴居址兼石器制造厂	很好	该遗址保存了中原地区旧石器时代中、晚期文化发展的详细资料，已有的成果对认识该地区现代人行为出现与发展等课题研究非常关键。此外，多层连续的洞穴堆积保存了丰富的古环境信息资料，为区域环境变迁与古人类生存环境提供了重要证据	优
差	房址、村落、墓葬	较好	因发现较早且内涵丰富面貌极有代表性，被学术界称为仰韶文化"秦王寨类型"。同时，由于面积较小，可开展小型聚落的综合研究	良
良	房址、村落、墓葬	较好	该遗址是一处仰韶文化中期到晚期的文化遗存，为研究文化延续性提供了重要材料。同时，还是仰韶文化庙底沟类型中带有郑州地区特点的文化遗存，为研究文化的地方性等问题有较重要的价值。此外，该遗址年代单纯，是较好的个案研究地点	优
良	东周时期诸侯国都城	较好	该遗址的发掘是郑州地区西周城址考古的重大突破，在一定程度上填补了该地区西周文化城址几近空白的缺憾。同时，为西周时期城市布局、筑造方法、设防功能等提供了新的研究材料，并为两周之际封国的迁徙提供了重要的资料	优
优	推测为春秋郑国共叔段采邑城址，后世多有修补	较好	该遗址是两周时期难得的采邑性居址，城址保存完好，是郑州地区古今叠压城址的研究提供了极为难得的材料	优

序号	保护级别	名称	时代	位置	研究工作	规模	附属文物及出土情况
7	第四批省保	成皋城遗址	战国至汉	荥阳市汜水镇虎牢关村大山	经调查，未进行发掘	面积超过35万平方米	城墙保存较好，城内尚存夯土台基
8	第七批国保	汉霸二王城	两汉，有后代修补	荥阳市广武镇东张沟和霸王城两自然村，中隔广武涧（鸿沟）	对于性质学术界存在争议，是否为汉、霸二王城，存在较大的争议。研究与基础科研工作较差，无较好的遗址测绘、调查、试掘简报，对始建年代尚无法肯定	城东西长515米，南北现长190米；霸王城东西长319米，南北现长340米。城墙最高15米，最宽约30米	遗物主要为陶器和铜兵器。陶器有绳纹板瓦、筒瓦片、饰绳纹的盆、圜底罐等。铜兵器有镞、矛、戈等，其中2件有铭矛、戈均为韩国晚期兵器
9	第七批国保	苌村汉墓	东汉	荥阳市王村镇苌村村西	一般，有发掘简报	占地3600平方米，墓冢高约10米，直径约60米，墓室南北长约17米，东西长约20米，高约5米	彩色壁画，色泽艳丽
10	第一批省保	汉循吏故闻熹长韩仁铭碑	东汉	荥阳市文物管理院内	一般		
11	第七批国保	千尺塔	北宋	荥阳市贾峪镇	《荥阳千尺塔勘测简报》	7级高15米	
12	第二批省保	点军台遗址	仰韶文化庙底沟期至龙山文化中期	荥阳市广武镇南城村	经考古发掘，有简报一篇	东西长300米，南北宽200米，面积6万平方米	发现房屋基址，房基周围出土有14个瓮棺葬及1座陶窑，出土陶器、人骨等

续表

可观赏性	功能性质（居址\墓葬\手工业\宗教遗存）	保存现状（真实性\完整性）	价值/意义	综合评估
优	推测为战国末期修建的军事城堡	较好	该遗址为研究战国两汉时期的军事性城堡提供了难得资料，同时可与荥阳故城进行对比研究	良
优，城墙规模宏大	城址、墓葬	较好	汉霸二王城自古就是一处军事要地，对研究中国古代军事史，特别是楚汉战争史具有重要价值，是传说中刘邦、项羽鸿沟对峙修筑的城址	优
优	墓葬	一般	苌村东汉墓墓室满布壁画，至今色彩艳丽，壁画内容丰富，绘画技法较高，为研究汉代建筑、绘画、风俗、官府依仗车马等方面提供了丰富材料	良
优	石刻		该碑高1.85米，宽0.97米，厚0.21米，圆首，中部有穿。额题篆书《汉循吏故闻熹长韩仁铭》，东汉熹平四年（175年）十一月立石。金正大五年（1228年）荥阳县令李天翼、李献能2人题跋。该碑是研究东汉熹平年鉴政治，特别是"党锢之祸"的实物资料，也是研究东汉文体的珍贵材料	良
优	佛教建筑	已修缮、较好	该塔建于北宋仁宗年间，为河南地区楼阁式宋塔实例之一，塔一层内部建有仿木构，较为罕见，塔檐上部反叠涩，即有排水功能，又使翼角略微起翘，作法较为独特	良
良	居址、墓葬	较差	该遗址文化内涵丰富，是郑州地区典型的新石器时代遗址。出土陶器以生活用具为主，分泥质和夹砂两大类	良

序号	保护级别	名称	时代	位置	研究工作	规模	附属文物及出土情况
13	第二批省保	原武温穆王壁画墓	明	荥阳市豫龙镇瓦屋孙村东南	简报一篇	墓室长6米，宽5米，高3米	墓室除南壁外，均满布壁画，墓内存有石供桌、石棺床，出土有墓志两合
14	第二批省保	无缘寅公禅师塔	明	荥阳市贾峪镇	少	高15米	砖雕
15	第四批省保	楚湾遗址	仰韶文化中晚期	荥阳市崔庙镇楚家湾村	经多次系统调查，有调查报告一篇	该遗址由三块不规则台地组成，包括东南岗面积8万平方米，西南岗面积2万平方米，北岗面积5万平方米	遗迹包含房基、灰坑、竖穴墓、瓮棺葬等，出土遗物丰富
16	第四批省保	佛顶尊胜陀罗尼经幢	金	荥阳市京城街道办事处	少	高7米	石雕
17	第四批省保	秦氏旧宅	清	荥阳市高村乡	少	二进四合院	砖雕
18	第五批省保	陈沟遗址	仰韶文化时期	荥阳市广武镇陈沟村	陈沟遗址发现较早，经考古调查，关于其文化内涵与性质讨论丰富	面积3万平方米	遗迹包括房基、灰坑、成人墓与瓮棺葬，出土遗物丰富，包括大量陶器
19	第五批省保	寨子峪遗址	仰韶文化、龙山文化至西周	荥阳市广武镇寨子峪村	经试掘，有考古简报	面积9万平方米	出土器物包括陶器、石器和骨器
20	第五批省保	西史村遗址	夏、商时期聚落遗址	荥阳市城关镇西史村西南	试掘一次，有简报一篇	面积48万平方米	发现有文化层和灰坑。出土有陶大口尊、簋、盆、罐、豆、刻槽盆等，另有铜器和石器

续表

可观赏性	功能性质（居址\墓葬\手工业\宗教遗存）	保存现状（真实性\完整性）	价值/意义	综合评估
优	墓葬	修缮，较好。	该墓为明周藩原武温穆王和张太妃合葬墓，是明代藩王墓研究的重要资料。墓室内壁画保存完好，色彩鲜明，代表了明代绘画的极高水准，具有较高的艺术价值。此外，墓室壁画均为佛教题材，为佛教研究提供珍贵材料	良
良	佛教建筑	好	明洪武十七年（1384年）喇嘛塔，塔基砖雕精湛，是郑州地区明代同类型塔的代表	良
良	村落遗址	一般	该遗址是郑州至豫中地区遗存丰富、规模较大的一处新石器时代遗址，是豫中地区以仰韶文化秦王寨类型遗存为主的典型村落遗址。该遗址对了解和研究仰韶文化在豫中分布范围、基本特征和社会性质等，均有重要学术意义	良
良	佛教	好	该经幢为金泰和三年（1203年）所建，上刻"佛顶尊胜陀罗尼经"和"佛说父母恩重经"，反映了儒家思想对佛教的影响	良
良	居住	一般	地方民居建筑，砖雕精良	中
良	居址	一般	陈沟遗址对于郑州地区沿黄河邙山岭上的新石器时代文化具有重要价值	良
良	居址、墓葬	较差	该遗址包含仰韶文化、龙山文化至西周文化遗存，为研究中原地区新石器时代文化的重要线索。同时，是荥阳地区近年发现的一处面积较大的龙山文化遗址，对于了解和研究新石器时代龙山文化遗址的分布规律及原始社会晚期的聚落形态等，均有重要价值	良
差	区域性聚落、墓地	较好	该遗址是郑州地区保存较好的夏代晚期至商代早期的聚落，对于研究夏商分界、考古学文化变迁对同一遗址的影响有重要价值	良

序号	保护级别	名称	时代	位置	研究工作	规模	附属文物及出土情况
21	第五批省保	西司马遗址	二里头文化、二里冈文化及周	荥阳市高村乡西司马村北	经多次调查与试掘,有考古简报一篇	面积约80万平方米	灰坑,墓葬80座
22	第五批省保	关帝庙遗址	晚商	荥阳市豫龙镇关帝庙村南	经大规模发掘,但仅有一篇简报	面积约24万平方米	清理遗迹有灰坑、房址、水井、灰沟、陶窑、祭祀坑、墓葬等,出土遗物有石器、陶器和少量青铜器
23	第五批省保	蒋寨遗址	西周早期	荥阳市豫龙镇蒋寨村南部	经科学发掘,但未进行调查	面积34万平方米	遗迹有墓葬、灰坑、陶窑等,遗物以陶器为主,石器较少

续表

可观赏性	功能性质（居址\墓葬\手工业\宗教遗存）	保存现状（真实性\完整性）	价值/意义	综合评估
差	居址、墓葬	较差	该遗址范围较大、文化遗存丰富，对中原地区古人类居住分布情况有重要意义。同时，对探讨商周文化转换，以及商文化在郑州地区的消亡，意义重大	良
差	完整的村落、公共墓地、手工业作坊、道路	仅存遗址南部与西部一角	该遗址是黄河以南地区首次发现的大面积商代晚期聚落，发掘所见居址区、墓葬区、祭祀区、手工业作坊址布局清晰，表明了聚落内部区域之间功能的差异。同时，作为一处保存完整的商代晚期聚落，在商代考古发掘中尚属首次，对探讨该时期的聚落结构、社会形态等具有重要的意义，对探讨商周文化转换以及商文化在郑州地区的消亡等问题意义重大	良
差	区域性聚落	较好	该城址是郑州地区较少见的西周早期古文化遗址，为西周早期郑州地区周人的分封、统治、管国的始封等学术问题的解决提供了重要的线索	良

附录八　中牟县

序号	保护级别	名称	时代	位置	研究工作	规模	附属文物及出土情况
1	第七批国保	寿圣寺双塔	北宋	中牟县黄店乡	少	7层32米	塔内墙壁上饰有彩绘，其底层周围和塔道内壁砖雕坐佛百余尊
2	第五批省保	老寨遗址	仰韶文化时期	中牟县八岗乡八岗村	考古调查	东西长500米，南北175米，面积8.7万平方米	遗址发现墓葬、灰坑、房址等遗址，采集有陶器、石器、骨器等
3	第五批省保	后魏遗址	仰韶文化时期	中牟县九龙镇后魏村	经考古调查，未见正式调查报告	南北长550米，东西宽300米，面积17万平方米	地表发现大量红烧土块、陶片等
4	第五批省保	业王遗址	裴李岗文化、龙山文化时期	中牟县黄店镇业王村	经考古调查，未见正式调查报告	面积30万平方米	采集有陶片、石器、动物骨骼等
5	第五批省保	大寨遗址	龙山文化时期	中牟县张庄镇大寨村东南	经调查，未见详细调查简报	面积约1.7万平方米	遗址采集有陶片等
6	第五批省保	东古城遗址	战国	中牟县韩寺镇东古城村	经调查试掘，有简报，未见正式报告	南北长1050米，东西宽575米，面积近60万平方米	目前城墙西北角北段、西北角西段保存较好，残留城墙夯窝清楚，夯土层明显。在城东北角发现板瓦、筒瓦、铜镜、铜带扣、五铢钱、平首币等。城址西南还有汉墓群

重要遗存分析表

可观赏性	功能性质（居址\墓葬\手工业\宗教遗存）	保存现状（真实性\完整性）	价值/意义	综合评估
优	佛教建筑	一般	双塔布局具有早期特征，塔为北宋六角楼阁塔，形式简洁，是中原地区典型的砖塔造型	良
良	居址与墓葬	一般	该遗址是仰韶文化时期的一处重要遗址，对研究新石器时代的社会发展状况有重要意义	良
良	聚落遗址	较差	该遗址为中牟县一处重要的新石器时代聚落遗址，为研究仰韶文化时期的社会发展有重要意义	良
良	居址与墓葬	较差	该遗址对研究郑州地区新石器时代聚落遗址的分布、社会发展状况等问题，均有重要意义	良
良	聚落遗址	较差	该遗址为龙山文化时期的一处早期重要遗址	良
良	古城址	一般	根据《太平寰宇记》等文献记载，推测该城址为筦篌侯城	良

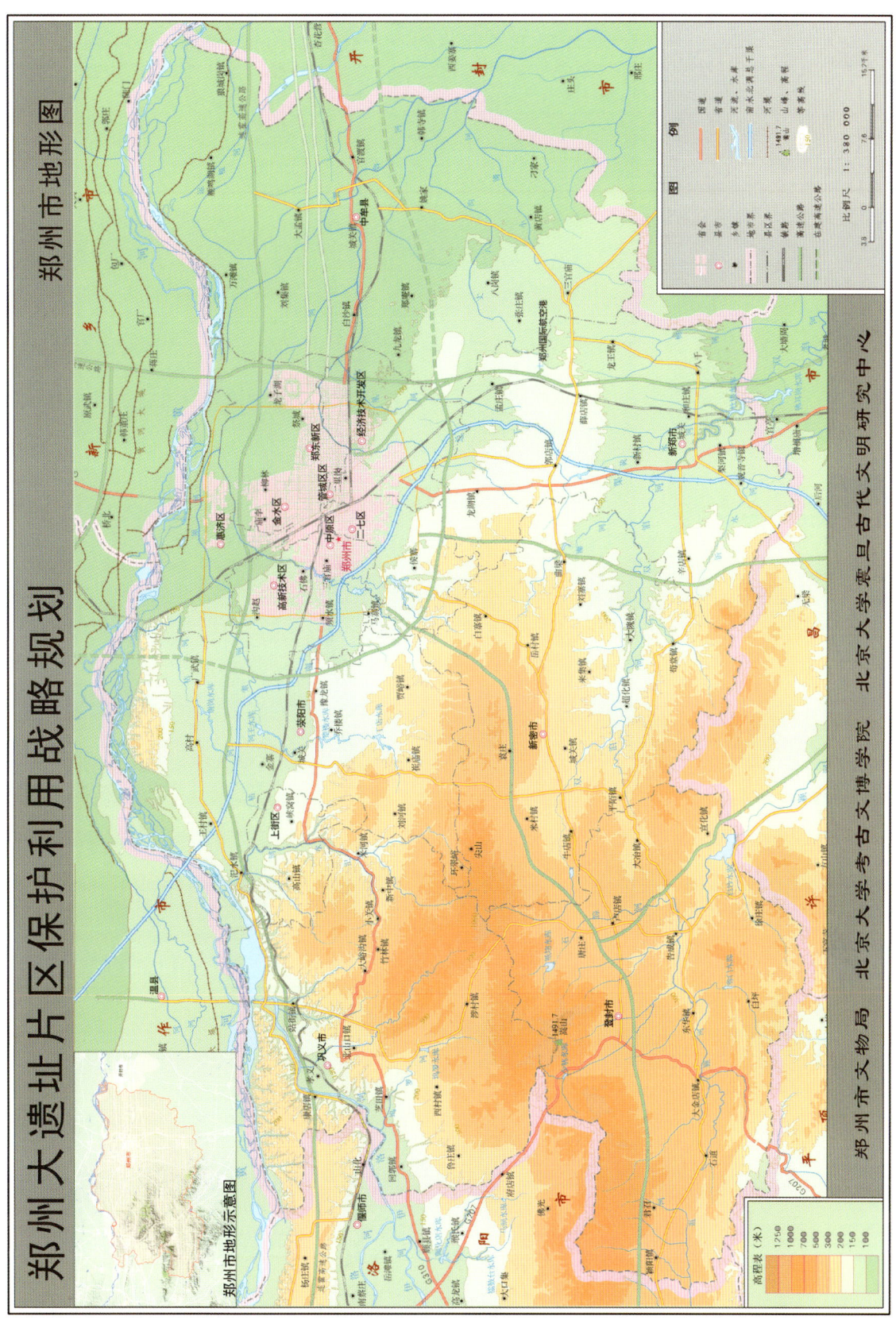

郑州大遗址片区保护利用战

国家大遗址保护西安片区

国家大遗址保护洛阳片区

	旧石器时代	新石器时代	夏
郑州片区			
西安片区			
洛阳片区			
曲阜片区			
成都片区			
荆州片区			

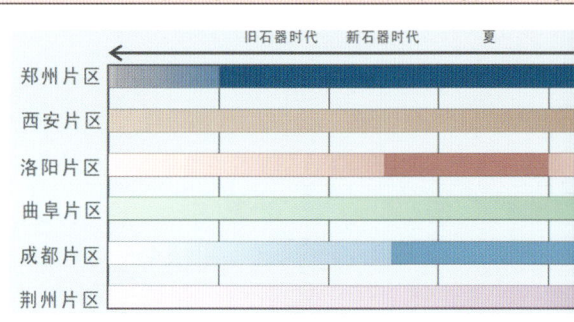

国家大遗址保护洛阳片区

国家大遗址保护西安片区

国家大遗址保护成都片区

国家大遗址保护成都片区

国家大遗址保护郑州片区

郑州市文物局　　北京大学考古文博学院

彩版二

国家大遗址保护片区分布图

国家大遗址保护曲阜片区

国家大遗址保护荆州片区

国家大遗址保护曲阜片区

国家大遗址保护郑州片区

国家大遗址保护荆州片区

图 例

国家大遗址保护片区

郑州大遗址片区保护利用战

郑州市文物局　北京大学考古文博学院

彩版三

关键遗址分布图

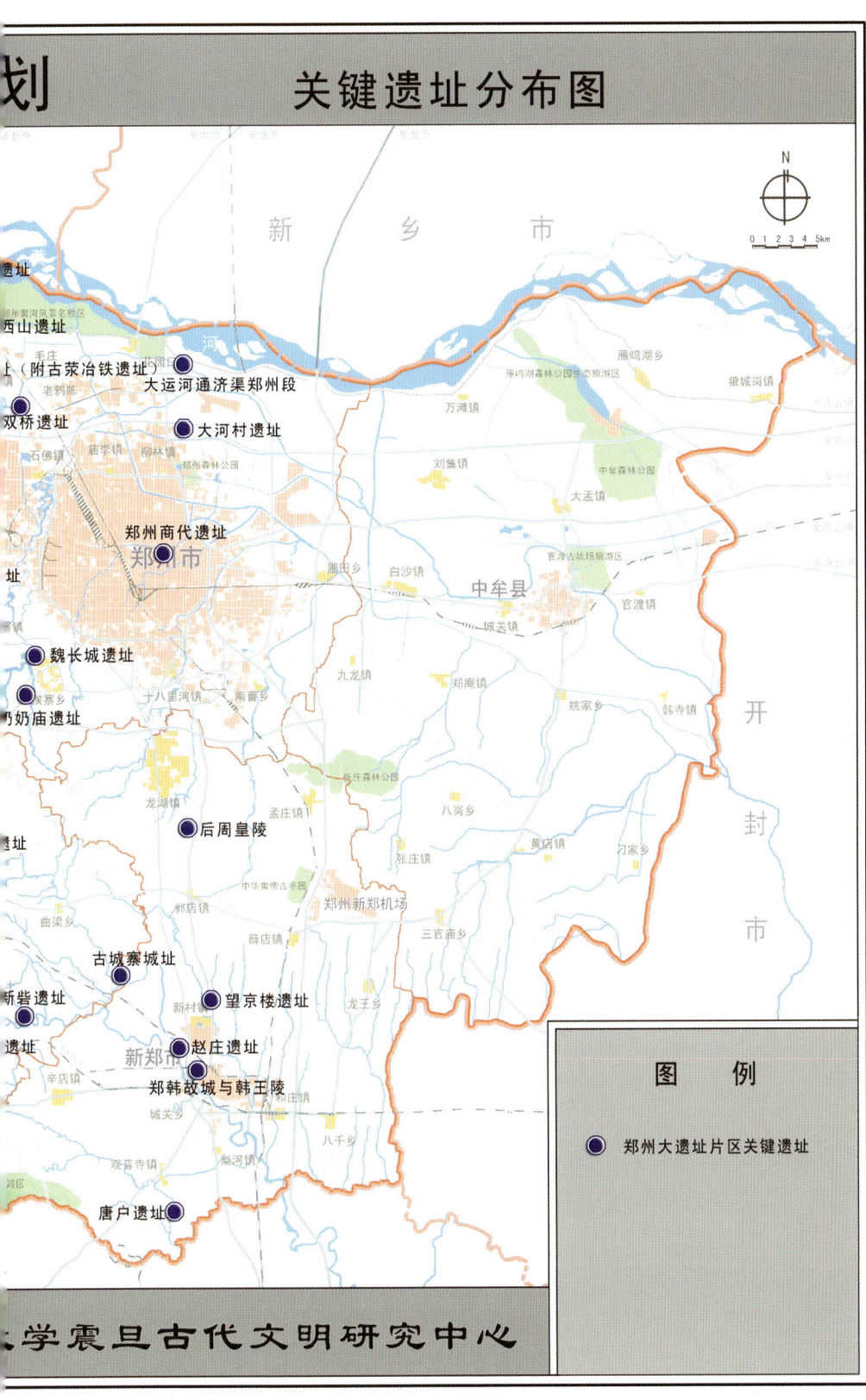

郑州大遗址片区保护利用战

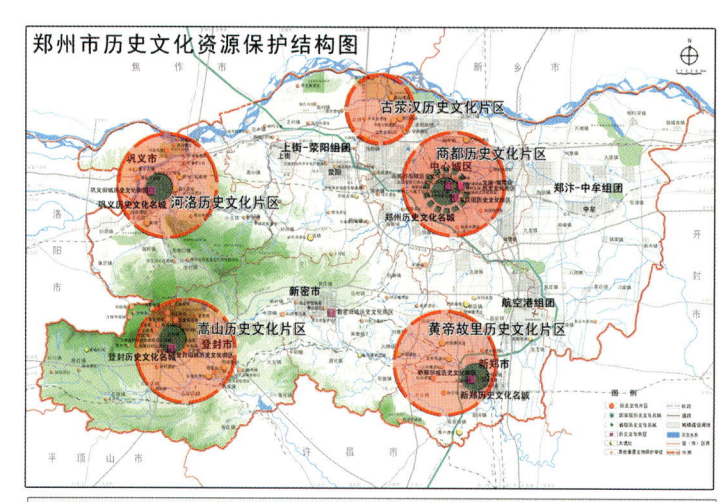

郑州市历史文化资源保护结构图

郑州市旅游规划图

根据郑州市总体规划，建立郑州国家级历史文化名城，登封、巩义、新郑省级历史文化名城两级名城保护体系，规划以历史遗产的文化渊源、空间分布和历史年代作为划分历史文化片区的原则，建立郑州商都、嵩山历史建筑群、古荥汉文化、黄帝故里、河洛文化五个历史文化片区的整体保护格局。

郑州市总体规划制定了"…遗址保护和古荥汉文化遗界文化遗产、禅宗少林和…区；以华夏民族寻根问祖…；突出河洛文化、汉文化…景名胜区、雁鸣湖生态旅…产业带。

文化遗产研究机构

- 其他专门研究机构
- 文化创意产业研究机构
- 多学科多机构协作机制
- 中国社会科学院考古研究所
- 中国国家博物馆
- 北京大学考古文博学院
- 河南省文物考古研究所
- 河南省社科院
- 河南省古建研究所
- 河南省博物院
- 郑州大学历史文化学院
- 郑州市文物考古研究院
- 郑州博物馆
- 郑州嵩山文明研究院

郑州市文物局

- 郑州市文物稽查大队
- 郑州市嵩山历史建筑群保护管理办公室
- 郑州市商城遗址管理处
- 大河村遗址博物馆

图例： 研究机构　管理机构　待建机构

郑州市的文物保护管理机构建设与严峻的遗址保护需求还有差距；研究机构数量仍显不足研究机构、文化创意产业研究机构和多学科、多机构协作机制。

郑州市文物局　北京大学考古文博学院

管理利用现状图

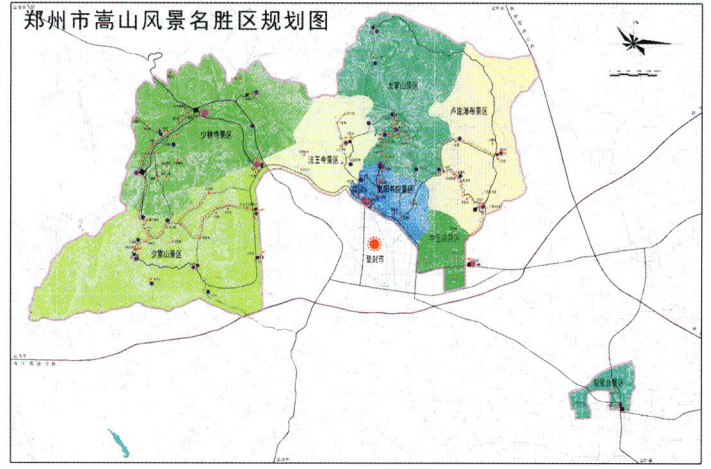

郑州市嵩山风景名胜区规划图

]文化旅游格局：以郑州商城
]旅游区；围绕嵩山古建筑群世
]家森林公园的嵩山文化旅游
]园为特色的黄帝文化旅游区
]化旅游区；以郑州黄河风
]为核心的沿黄生态文化旅游

嵩山风景名胜区规划总体布局结构为"一条人文景观游览带、三条登山游览环线、四个核心游览区"：即西起少林寺景区，经法王寺景区、嵩阳书院景区、中岳庙景区东至观星台景区的人文旅游观光带；三条主要登山游览环路；四个核心游览区域，其一是少林寺与塔林区域；其二是嵩阳书院区域；其三是中岳庙与中岳庙广场区域；其四是峻极峰顶峻极阁与峻极寺区域。

研究现状

第一、资料获取仍以配合基建获取为主，主动获取为辅，对旧有材料的整理公布不够；

第二、研究课题的设置以旧有材料与新发现所引导，主动寻找资料寻找课题较少；

第三、研究时段集中在文明起源阶段与商周时期，对历史时期遗存的研究不够；

第四、个人研究与单位研究较多，缺乏打破行政单位组织架构的多单位、多学科联合攻关。

第五、除现代人起源课题的研究外，能引导中国考古学、历史学、人类学向前发展的前瞻式课题较为缺乏。

重要文化遗产保护规划编制情况

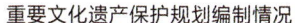
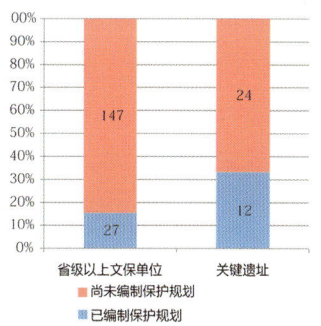

图 例

相关规划情况

重要遗址管理研究情况

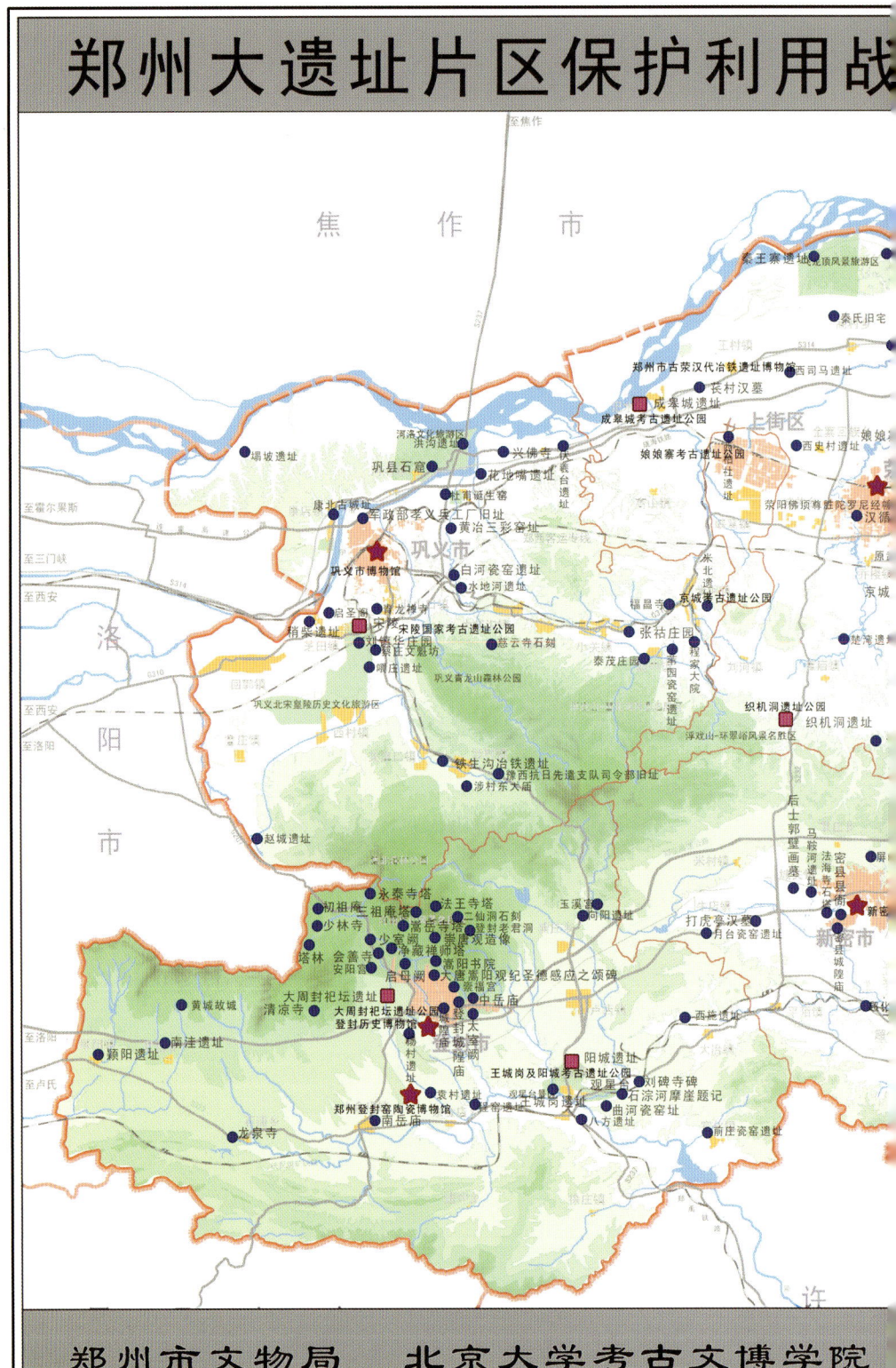

彩版五

文化遗产利用现状图

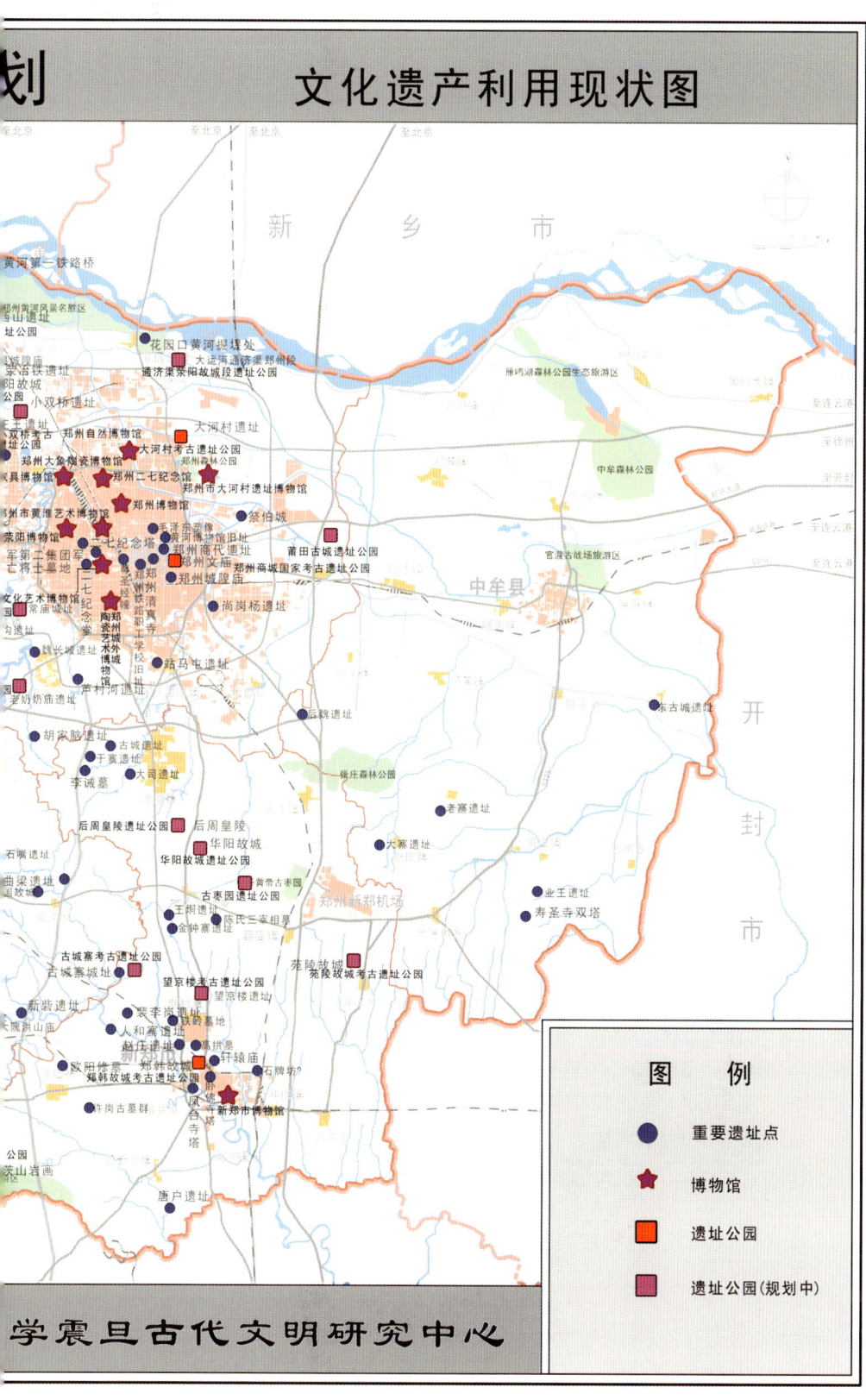

郑州大遗址片区保护利用战

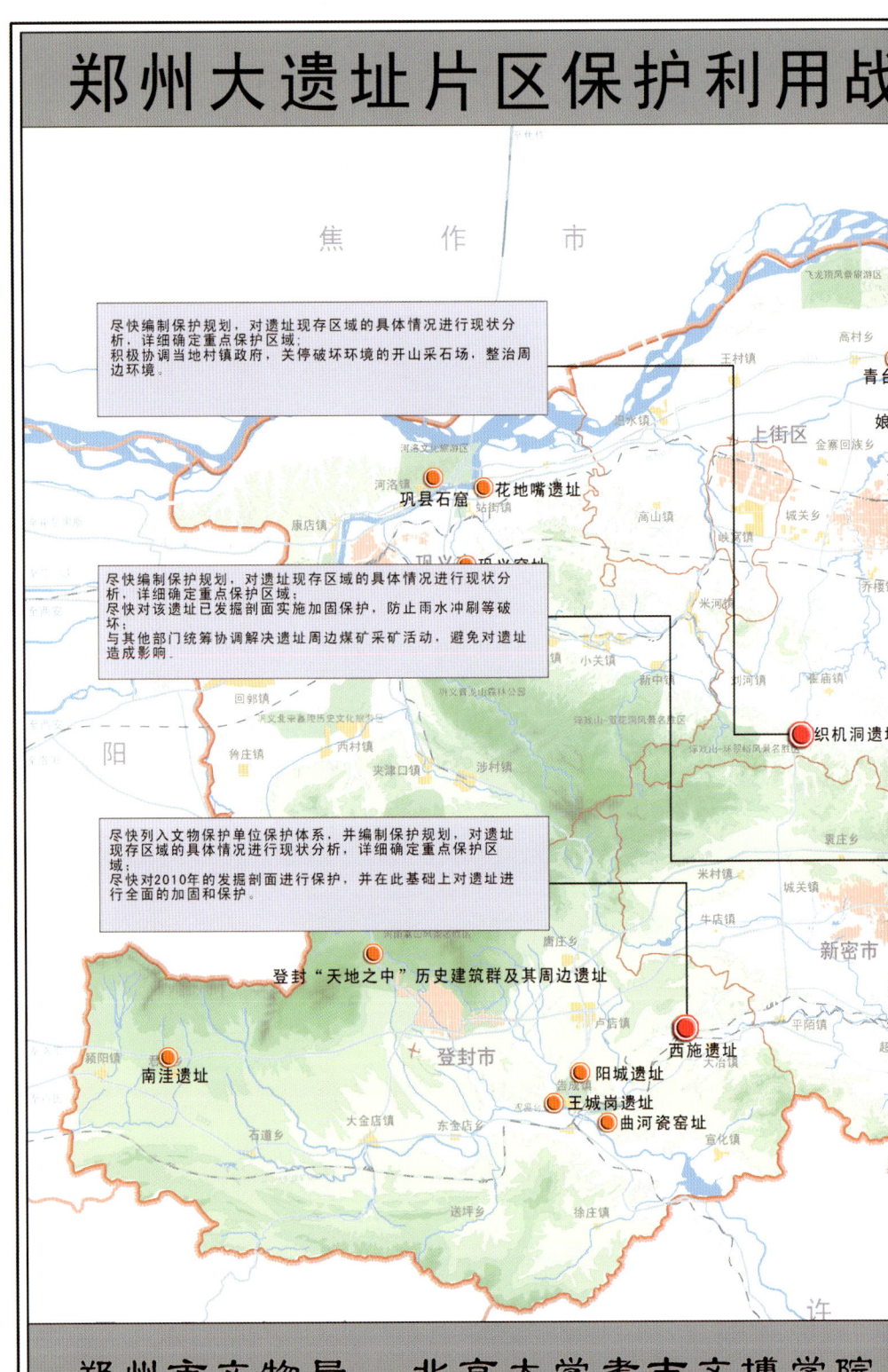

郑州市文物局　　北京大学考古文博学院

关键遗址的保护对策（价值一）

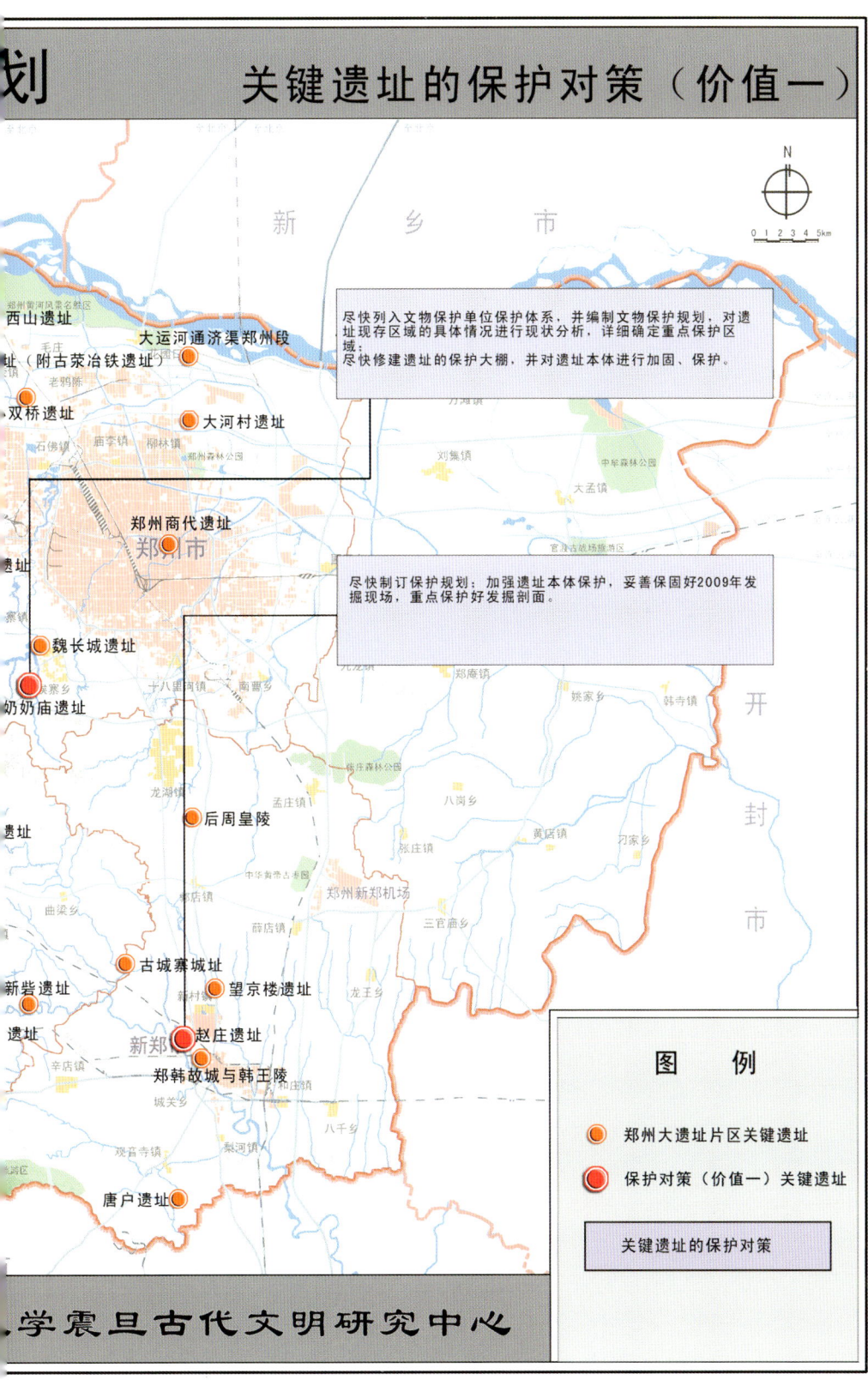

彩版六

郑州大遗址片区保护利用战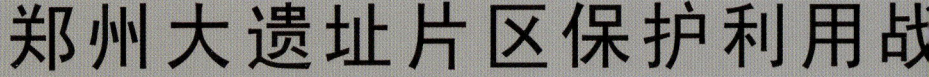

对遗址现存区域的具体情况进行现状分析，详细确定重点保护区域。对城址周边基建造成的景观破坏予以重点保护。对未加固保护的城墙予以长时间的监控防护，为探索土遗址城墙的保护工作积累经验。对部分重点区域的基建工作，以《文物法》及地方法规严格执行保护。对种植在城墙上大型树木迁移，改换为根系不太发达的小型灌木活草本植物进行绿化。

尽快制定保护规划，对遗址现存区域的具体情况进行现状分析，详细确定重点保护区域；对穿过城内的冲沟造成的水土流失进行抢救性防治；对城址周边的村镇企业发展进行长期监测，避免对遗址及其景观造成破坏。

对遗址现存区域的具体情况进行现状分析，详细确定重点保护区域。对城址周边的村镇企业造成的景观破坏予以重点保护。

尽快制定保护规划，对遗址现存区域的具体情况进行现状分析，详细确定重点保护区域；对城址周边的村镇企业发展进行长期监测，避免对遗址及其景观造成破坏。

● 稍柴遗址

尽快制定保护规划，对遗址现存区域的具体情况进行现状分析，详细确定重点保护区域；对种植在城墙上大型树木有步骤进行迁移，改换为根系不太发达的小型灌木活草本植物进行绿化；对城址周边的村镇企业发展进行长期监测，避免对遗址及其景观造成破坏。

落实保护规划，对重点遗存实施本体保护工程；对韩王陵旁居民取土破坏的活动以及在郑韩故城城墙上进行重点整治保护；对城址周边的村镇企业发展进行长期监测，避免对遗址及其景观造成破坏。；加强对遗址的巡查和监测，避免新的建设项目、人为蓄意对遗址造成的破坏；加强对重点保护区域基建工作的管理，协调各个相关部门，严格遵守《文物保护法》及省、市地方文物保护法规要求；对城址重点遗存周边实施环境政治，结合城市绿地建设；对已经加固保护的城垣予以长时间的监测，为探索土遗址城墙的保护工作积累经验。

● 登封"天地之中"历史建筑群及其周边遗址

尽快制定保护规划，对遗址现存区域的具体情况进行现状分析，详细确定重点保护区域；对城址周边的村镇企业发展进行长期监测，避免对遗址及其景观造成破坏。

● 南洼遗址 ● 阳城遗址 ● 西施遗址
● 王城岗遗址
● 曲河瓷窑址

尽快制定保护规划，对遗址现存区域的具体情况进行现状分析，详细确定重点保护区域；对城址周边的村镇企业发展进行长期监测，避免对遗址及其景观造成破坏。

郑州市文物局　北京大学考古文博学院

关键遗址的保护对策（价值三）

彩版八

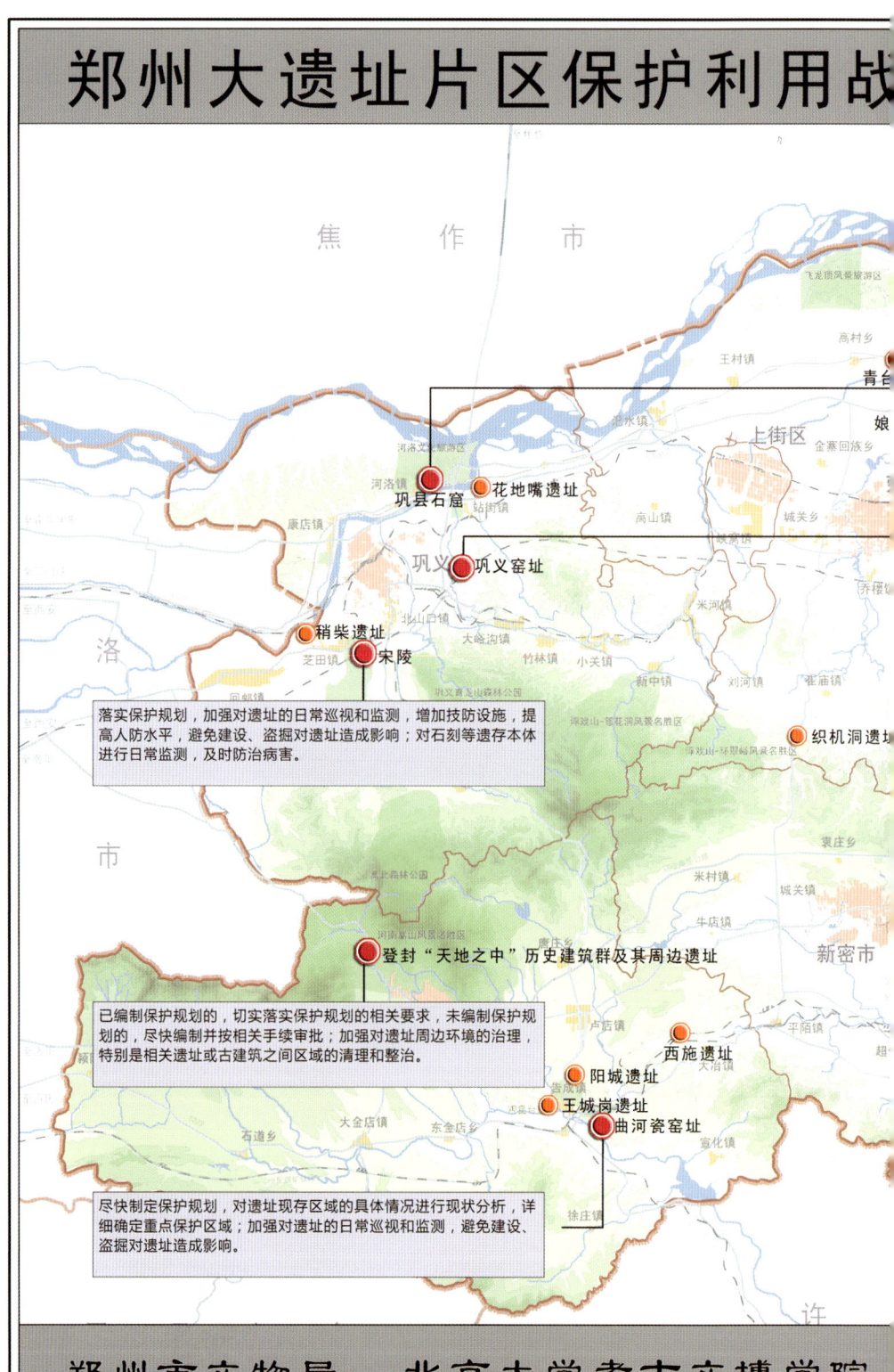

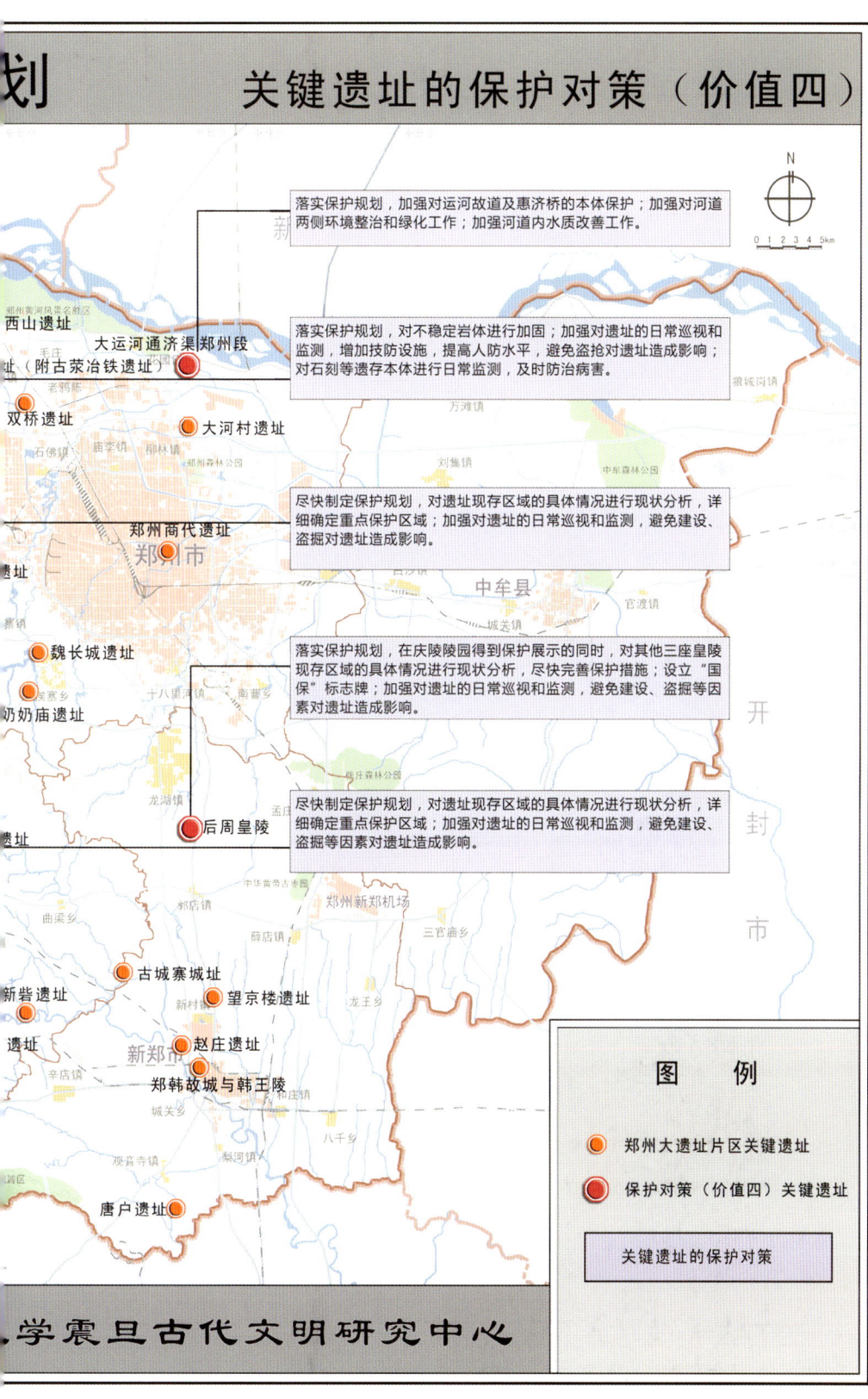

彩版九 关键遗址的保护对策(价值四)

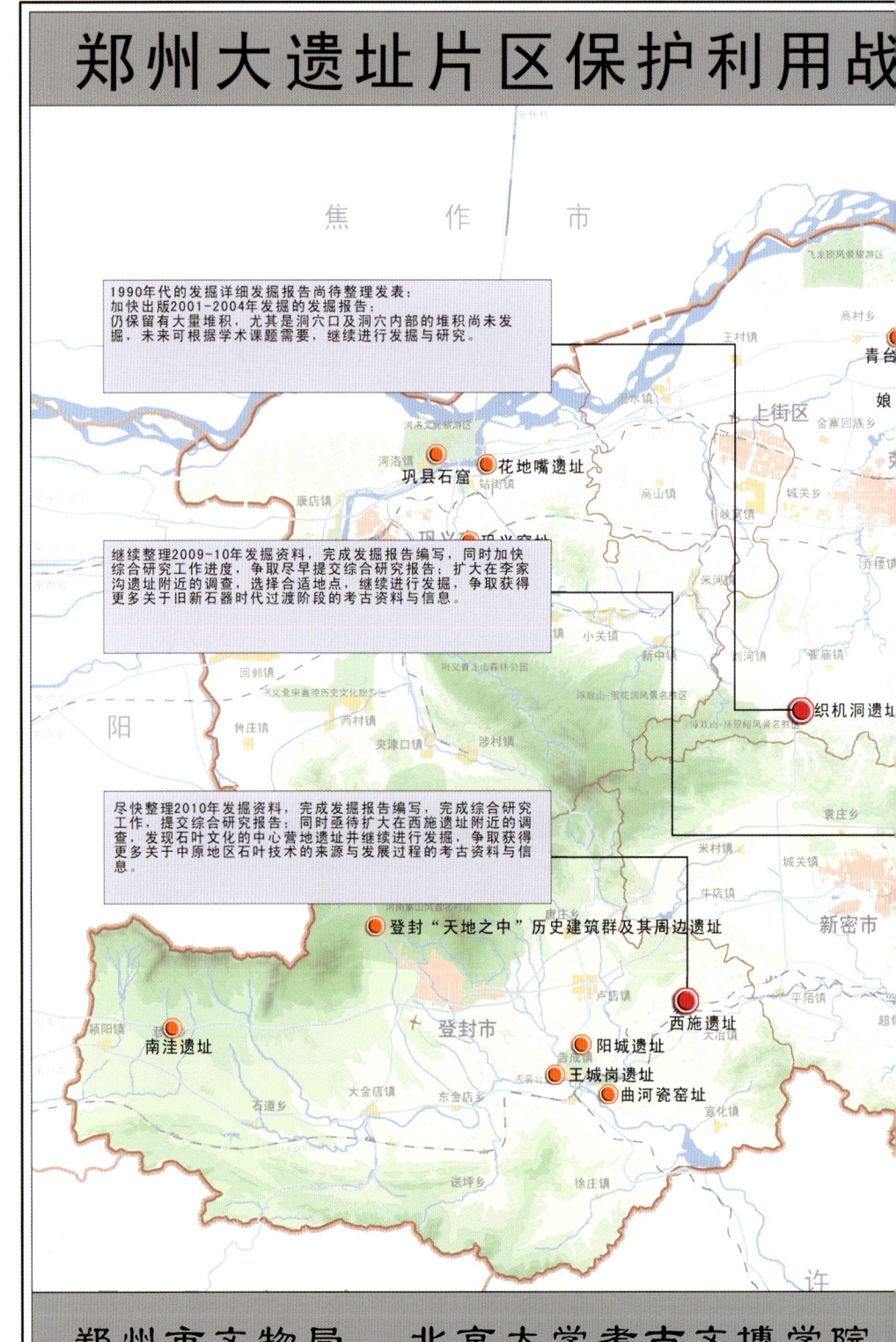

彩版一〇

关键遗址的研究对策（价值一）

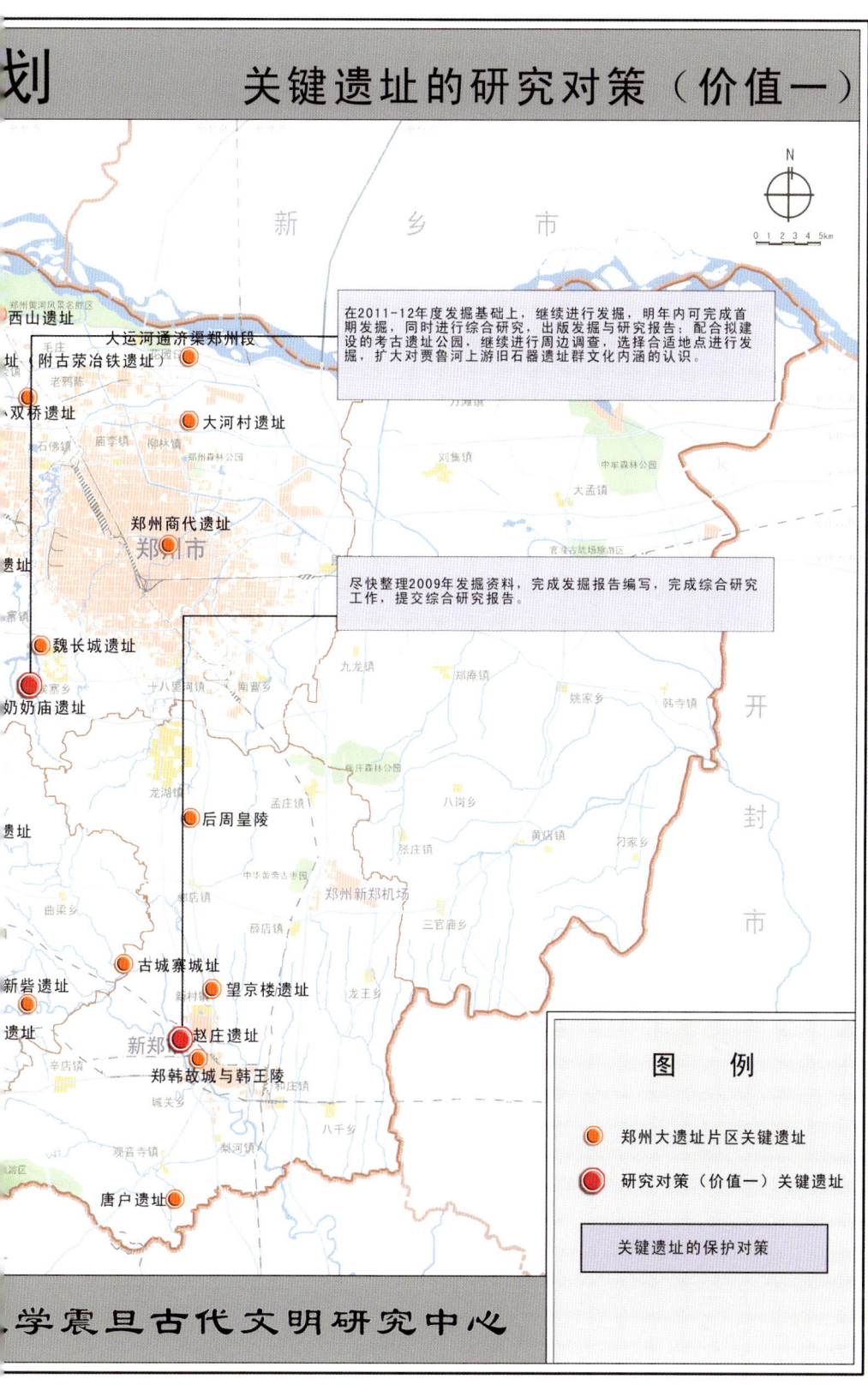

郑州大遗址片区保护利用战

通过钻探确定遗址现存部分的核心范围及其平面布局，重点解决不同时期房址、手工业作坊与族墓地的分布，并寻找不同时期遗址内布局的变化，对庙底沟、秦王寨类型彩陶颜料进行科学分析、对比，分析探索寻找颜料产地的差异。

整理调查、钻探、发掘的材料，发表前一阶段的遗址发掘报告；对遗址进行系统钻探调查，搞清不同时代遗存的分布范围与布局，确定滹沱岭遗址与花地嘴遗址的相互关系；对已发现的环壕西部、北部进行密探、试掘解剖，确定环壕规模；确定环壕的准确始建、废弃年代，并了解环壕内的布局；对遗址周围进行区域系统调查，搞清遗址的性质与功能；对龙山时期环壕周围的墓地进行重点探索，进行试掘，展开多学科合作研究，确定城址内人群的来源、经济模式、进一步确定城址的等级、性质。

整理调查钻探的材料，发表遗址报告；对遗址进行系统钻探调查，搞清不同时代遗存的分布范围与布局；对已发现的环壕进行密探、试掘解剖，确定环壕规模与年代；确定环壕的准确始建、废弃年代，并了解环壕内的布局；对遗址周围进行区域系统调查，搞清遗址的性质与功能；对龙山与夏商时期环壕周围的墓地进行重点探索，进行试掘，展开多学科合作研究，确定城址内人群的来源、经济模式、进一步确定城址的等级、性质。

对遗址进行系统钻探调查，搞清城内的布局；对城址外侧进行区域系统调查，确定城外聚落的相互关系；寻找与城址同时期的墓葬线索，对困扰学术界许久的龙山时期族墓地缺失问题，寻找突破口；进一步弄清大小城之间的关系；寻找城内手工业作坊的位置，开展多学科联合攻关，对经济模式、人口数量、人口来源、是否存在铜器生产进行综合研究；以王城岗遗址的综合研究，确立龙山时期中原地区大型城址的综合研究范式。

整理发表遗址发掘报告，对遗址进行系统钻探调查，搞清不同时代遗存的分布范围与布局，对遗址周围进行区域系统调查，搞清遗址的性质与功能，对商周时期遗存进行小规模试掘，确定时代与等级、性质。

郑州市文物局　　北京大学考古文博学院

郑州大遗址片区保护利用战

对遗址进行系统钻探调查，搞清两座城内的布局；同时寻找两座城址是否存在城外的护城河或壕沟。对城址外侧进行区域系统调查，确定城外聚落的相互关系。应重点寻找是否存在与城址同时期的墓地，尤其是高等级墓地。寻找城内手工业作坊的位置，开展多学科联合攻关，对经济模式、人口数量、人口来源、是否存在铁器生产进行综合研究。确定两座城址始建先后顺序与废弃年代。整理发表调查、试掘简报。

对遗址进行系统钻探调查，搞清城内的布局。对城址外侧进行区域系统调查，确定城外聚落的相互关系。重点寻找与城址同时期的墓葬，以便进一步确定城址性质。进一步弄清城址的时间年代。寻找城内手工业作坊的位置，开展多学科联合攻关，对经济模式、人口数量、人口来源、是否存在铜器生产进行综合研究。以娘娘寨遗址的综合研究，确立西周时期中原地区大型城址的综合研究范式。整理发掘资料，出版详细的发掘报告。

对遗址进行系统钻探调查，搞清城内的布局；对城址外侧进行区域系统调查，确定城外聚落的相互关系；寻找城内手工业作坊的位置，开展多学科联合攻关，对经济模式、人口数量、人口来源、是否存在铜器生产进行综合研究；进一步弄清二里头城与二里冈时期城址沿用之间的关系，了解城址的废弃原因。

整理调查钻探的材料，发表遗址简报；遗址面积过大，但目前对遗址的范围确定都是依赖地表采集。因此，有必要对遗址进行系统调查，并进行小规模的钻探调查，搞清不同时代遗存的分布范围与布局；围绕已发现的殉马坑，寻找高等级墓葬或高等级建筑基址，若没有则考虑是否存在类似的多个遗存，是否是祭祀区；进一步确定遗址的相对确切年代。

对遗址进行系统钻探调查，搞清城内的布局；同时寻找该城是否存在城外的护城河或壕沟；对城址外侧进行区域系统调查，确定城外聚落的相互关系；应重点寻找是否存在与城址同时期的墓地，尤其是高等级墓地；寻找城内手工业作坊的位置，开展多学科联合攻关，对经济模式、人口数量、人口来源、是否存在铜器生产进行综合研究；确定城址确切的始建与废弃年代。

对遗址进行系统钻探调查，搞清城内的布局；对城址外侧进行区域系统调查，确定城外聚落的相互关系；由于城址周边曾发现高等级墓葬，出土有较高等级铜器、玉器，应重点寻找是否存在与城址同时期的墓地；寻找城内手工业作坊的位置，开展多学科联合攻关，对经济模式、人口数量、人口来源、是否存在铜器生产进行综合研究；以阳城遗址的综合研究，确立王城岗遗址与阳城遗址在战国时期的相互关系；整理发掘资料，出版阳城及周边遗存的详细发掘报告。

对遗址进行系统钻探调查，搞清遗址的布局；对遗址外侧进行区域系统调查，确定聚落间的相互关系；由于遗址断崖在调查期间曾发现有成排的墓葬，应予以重点关注；由于遗址曾出土大量高等级的白陶器，应重点寻找与城址同时期的高等级墓葬；寻找遗址内手工业作坊的位置，开展多学科联合攻关，对经济模式、人口数量、人口来源、是否存在白陶和铜器生产进行综合研究；通过钻探和区域系统调查，确定不同时期遗存的分布。

郑州市文物局　　北京大学考古文博学院

关键遗址的研究对策（价值三）

彩版一三

关键遗址的研究对策（价值四）

抓住中国大运河申报世界文化遗产的契机，进一步开展本段运河的考古调查和研究工作。建议采取普探和重点发掘相结合的措施，一方面积累本段运河故道的河道走向、河道宽度、深度等基本数据，一方面在普探的基础上，选取有重要遗迹现象的地点开展重点发掘，争取能发现码头、河堤等更多大运河重要历史遗迹；并对现存的相关文献、碑刻、舆图等做深入研究，了解本段运河在历史上的河道变化、相关事件及重要作用。通过进一步丰富的实物和文献资料，充分揭示大运河通济渠（汴河）郑州荥阳段的宝贵价值和重要作用，为大运河申报世界文化遗产更加充足的历史依据。

编写巩义石窟报告，配合景区改造工程进行窟前建筑局部发掘，完善石窟基础资料。
与北朝时期云冈、龙门、响堂山、天龙山石窟进行对比研究，解决巩义石窟修窟背景、样式源流和特点、影响等问题。

以考古与研究材料为基本着眼点，结合地方志资料，梳理从汉代开始，巩义窑的陶瓷生产脉络、烧造工艺与交流、装饰艺术特点与变迁、对内销售与外销等，并以此带动郑州地区陶瓷史的爬梳，重申郑州在陶瓷发展史上的重要地位，推动中国陶瓷发展史的重新建构。

对后周皇陵进行考古调查与研究，推动五代帝陵学术研究发展；结合历史文献材料，并对比汉、唐、五代帝陵的考古与研究成果，开展汉、唐、五代、北宋帝陵丧葬制度演变等学术问题的研究。

新密窑沟瓷窑遗址虽在上世纪60年代做过考古调查，但距今已60年，资料较陈旧，建议对该遗址重新进行考古调查与试掘，并结合扒村窑与西关窑资料，推动宋金时期民间瓷业生产与交流研究。

图　　例

○ 郑州大遗址片区关键遗址
● 研究对策（价值四）关键遗址

关键遗址的保护对策

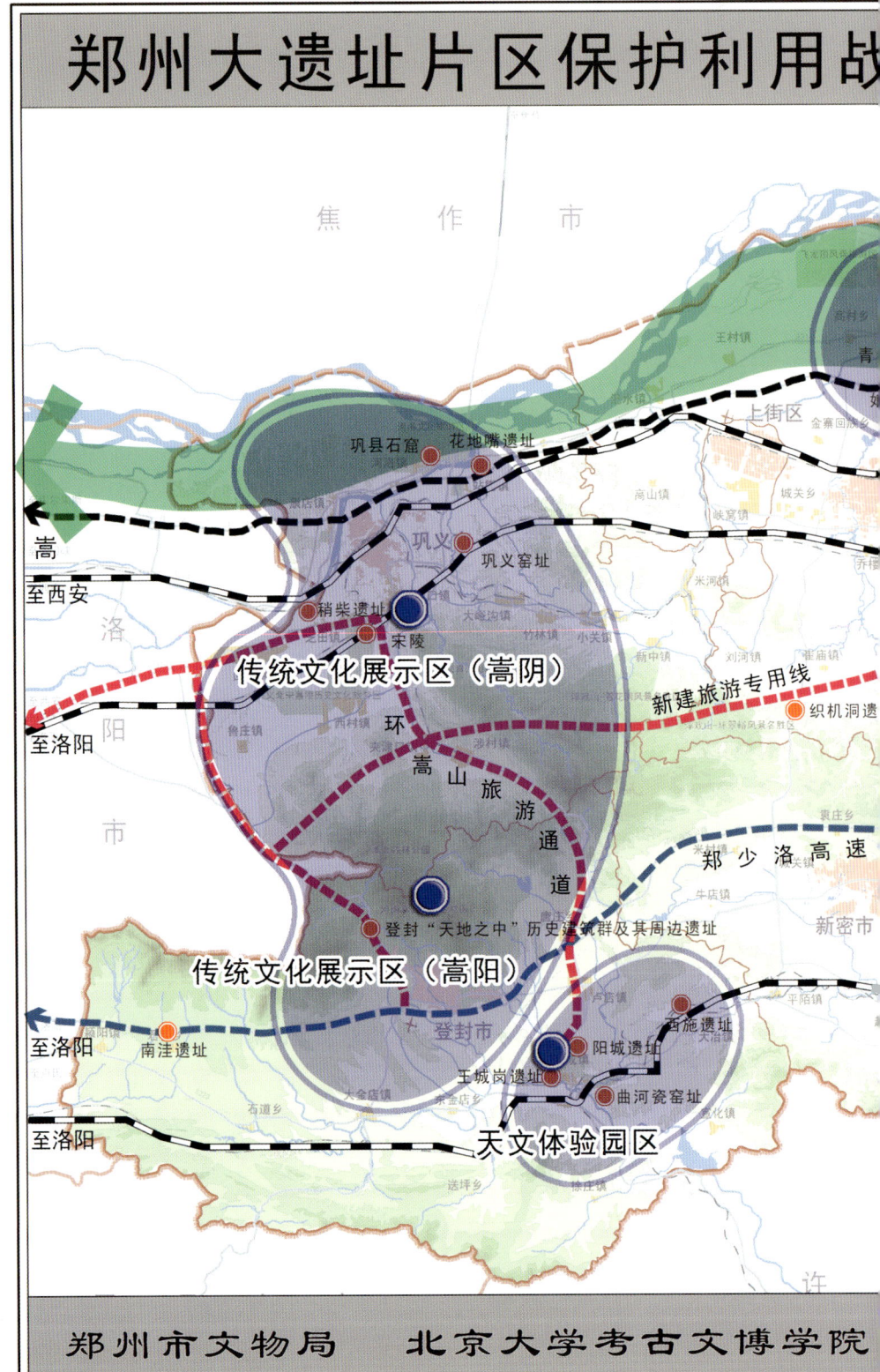

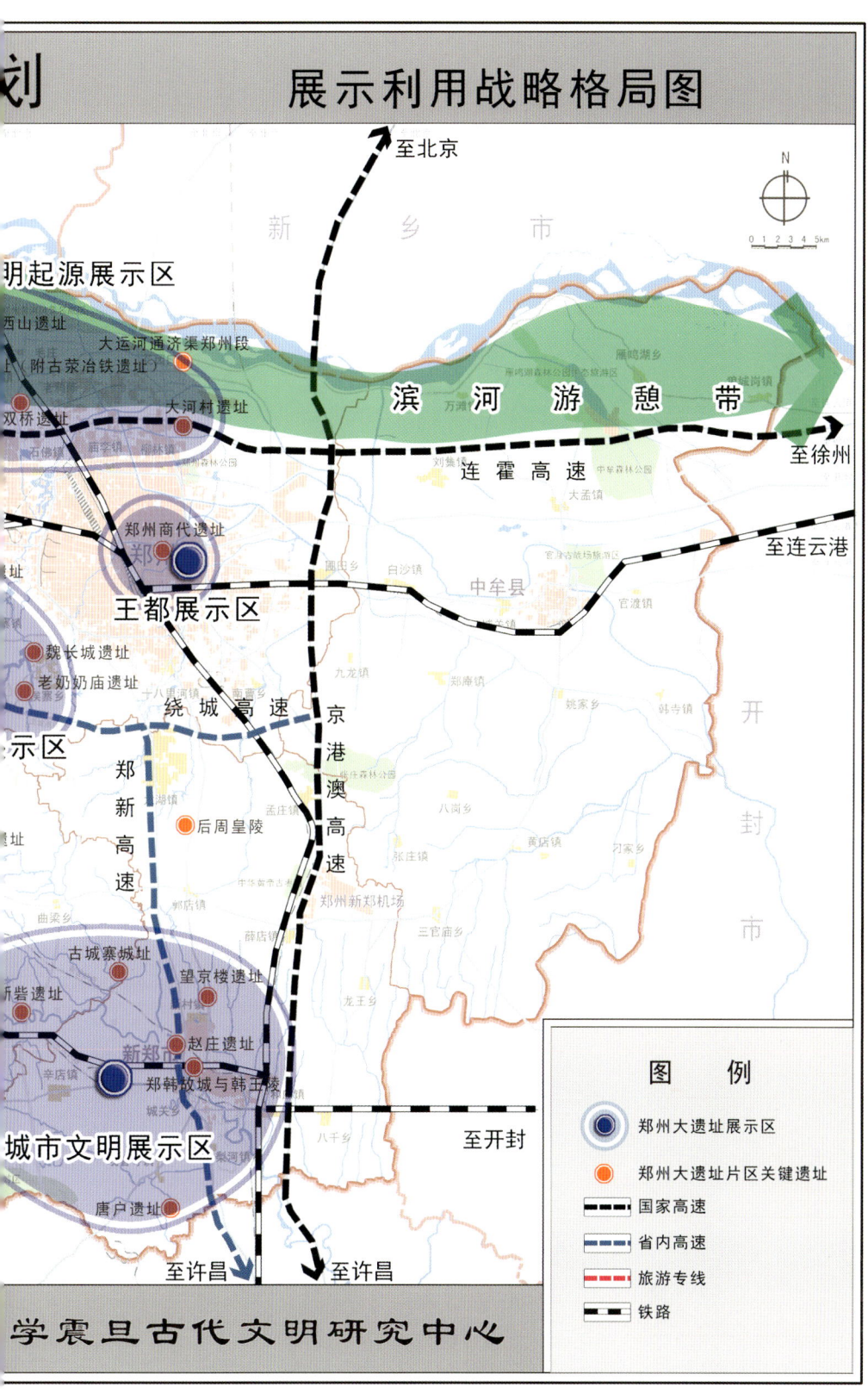

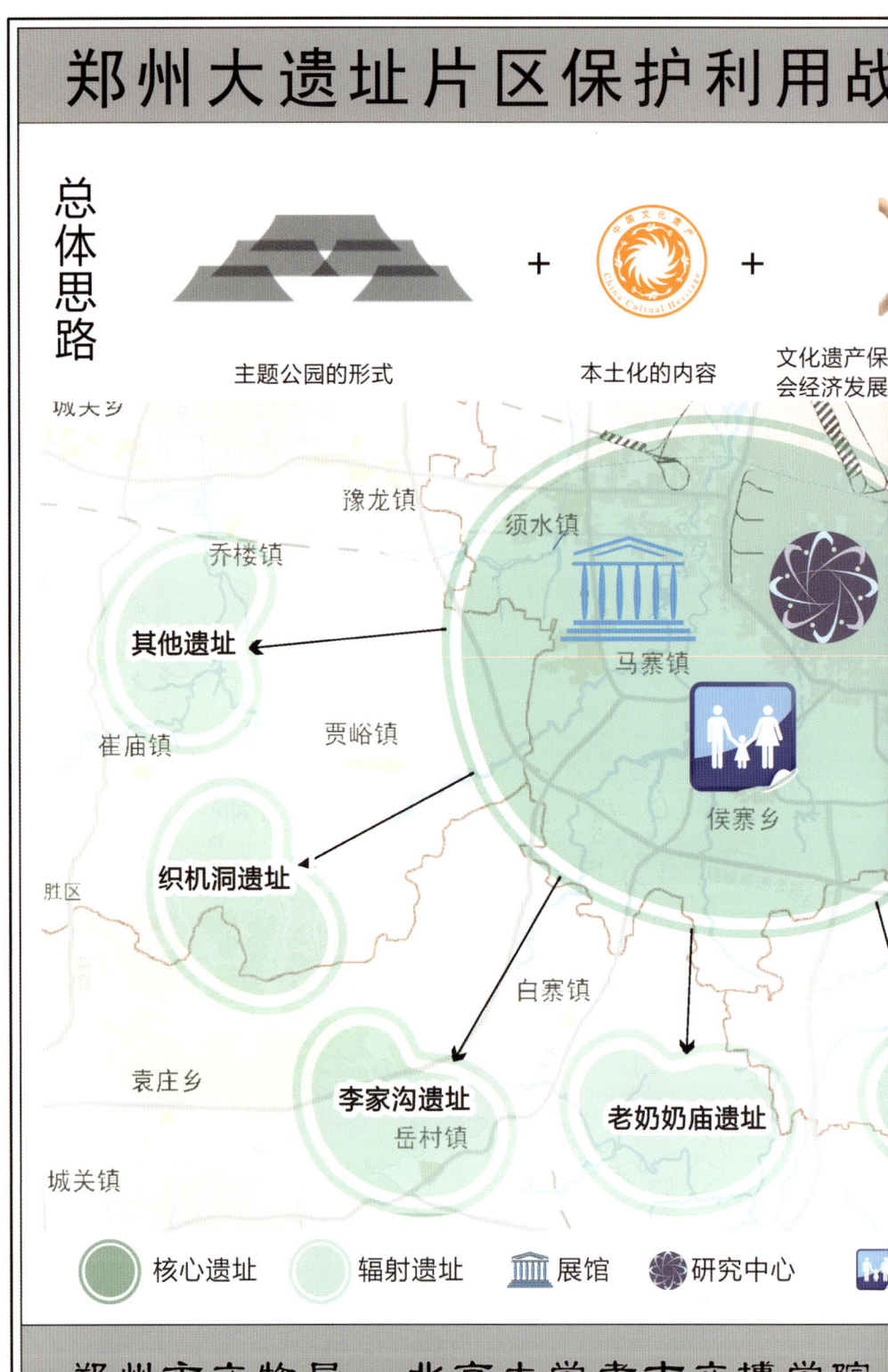

重点项目图（人类起源与环境变迁展示区）

老奶奶庙遗址剖面

老奶奶庙遗址遗存面翻制品

时空穿梭体验意向

互动体验意向之一

互动体验意向之二

互动体验意向之三

主题公园意向

总体思路
展示格局
项目意向

郑州大遗址片区保护利用战

遗址展示意向

遗址展示意向

花地嘴遗址

稍柴遗址

运河景观展示意向

农耕景观展示意向

博物馆展示

保护大棚展示

王城岗遗址

传统文化体验项目意向-建筑

传统文化体验项目意向-造纸

传统文化体

郑州市文物局　北京大学考古文博学院

彩版一六

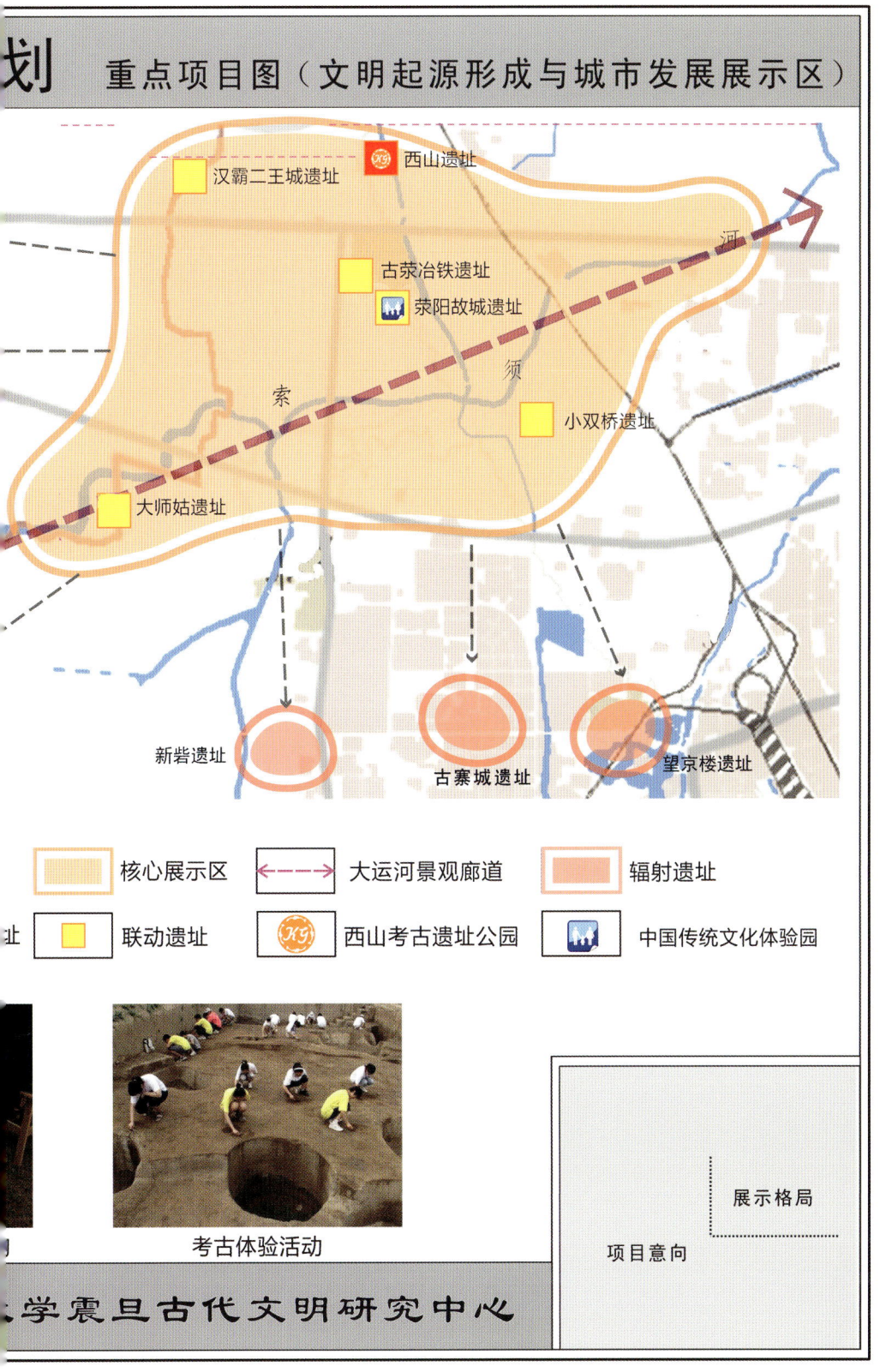

郑州大遗址片区保护利用战

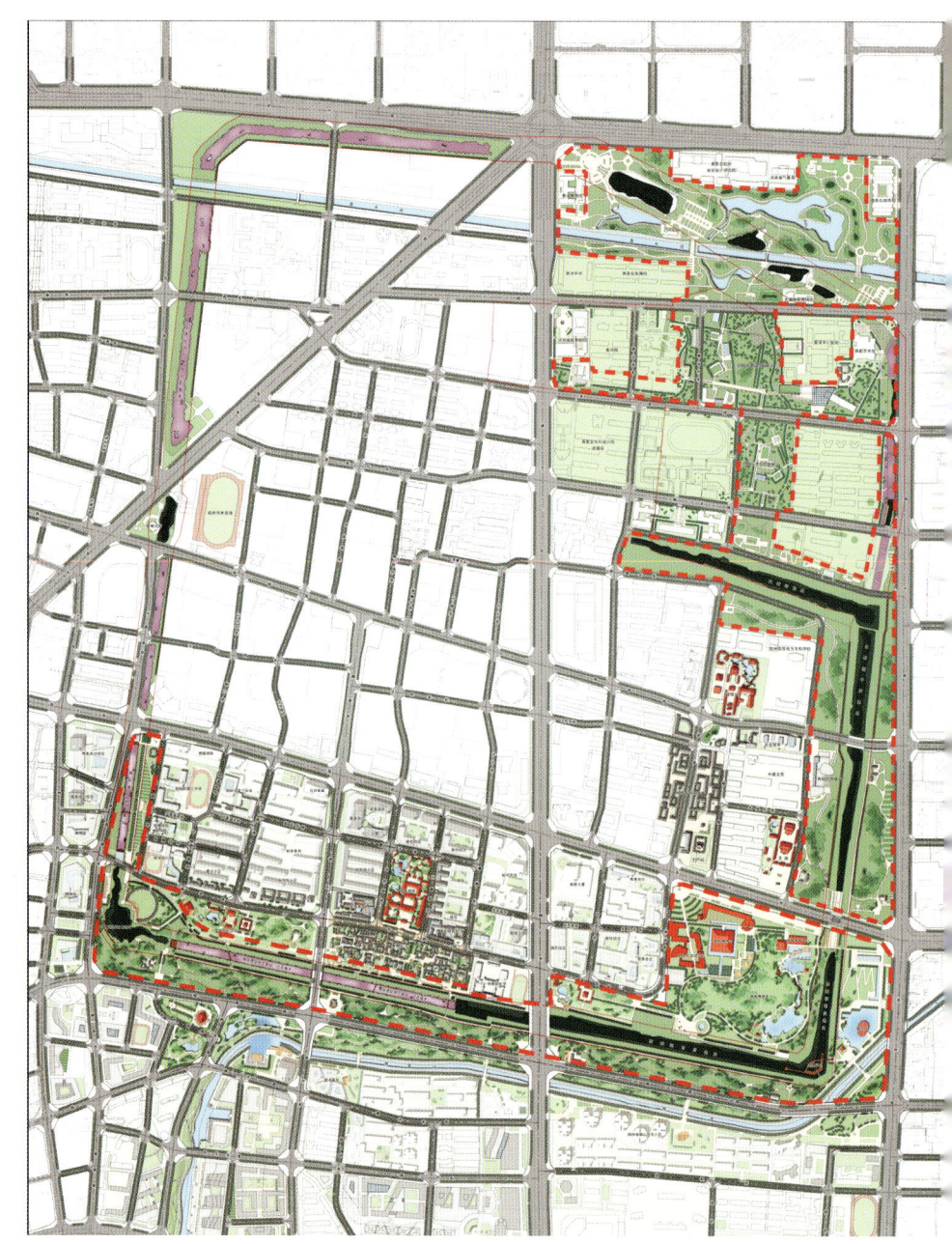

郑州商城遗址公园整体概念布局

郑州市文物局　　北京大学考古文博学院

彩版一七

重点项目图（中国古代王都展示区）

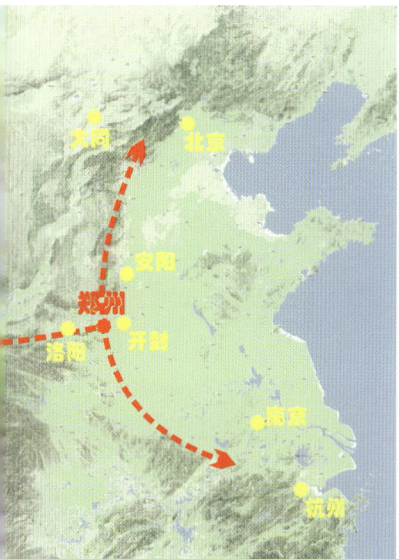
郑州在九大古都中的区位优势

郑州商城范围与周边遗址关系

郑州商城遗址公园鸟瞰效果图

展区布局	郑州优势	展示格局
		展示效果图

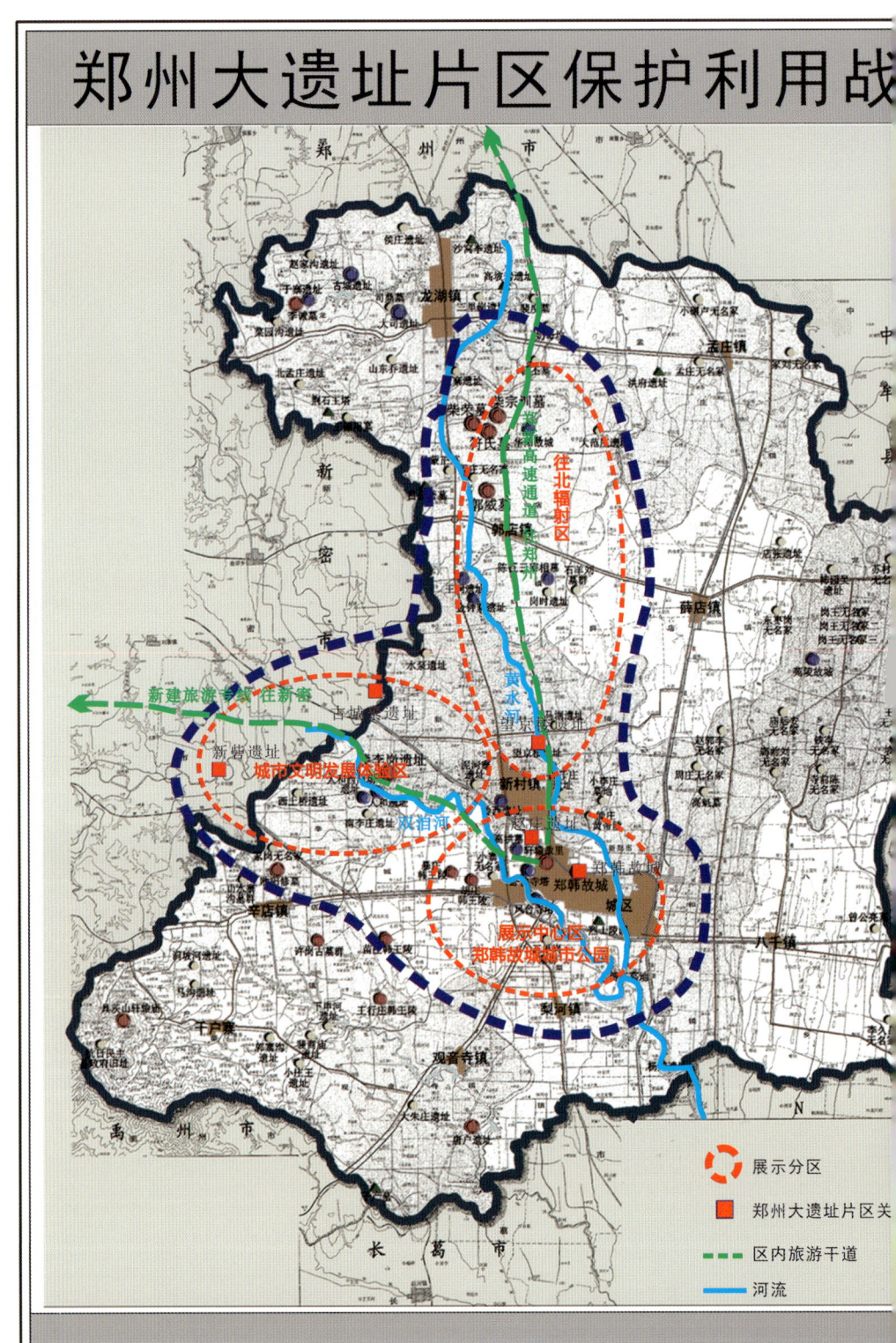

彩版一八

重点项目图（城市文明展示区）

郑韩故城遗存分布图

郑韩故城发展利用规划

展示方式

遗址露明展示

景观标志展示

博物馆展示

文化参与 黄帝故里拜祖大典

| 展示分区 | 展示中心区郑韩故城规划 | 展示方式 |

学震旦古代文明研究中心

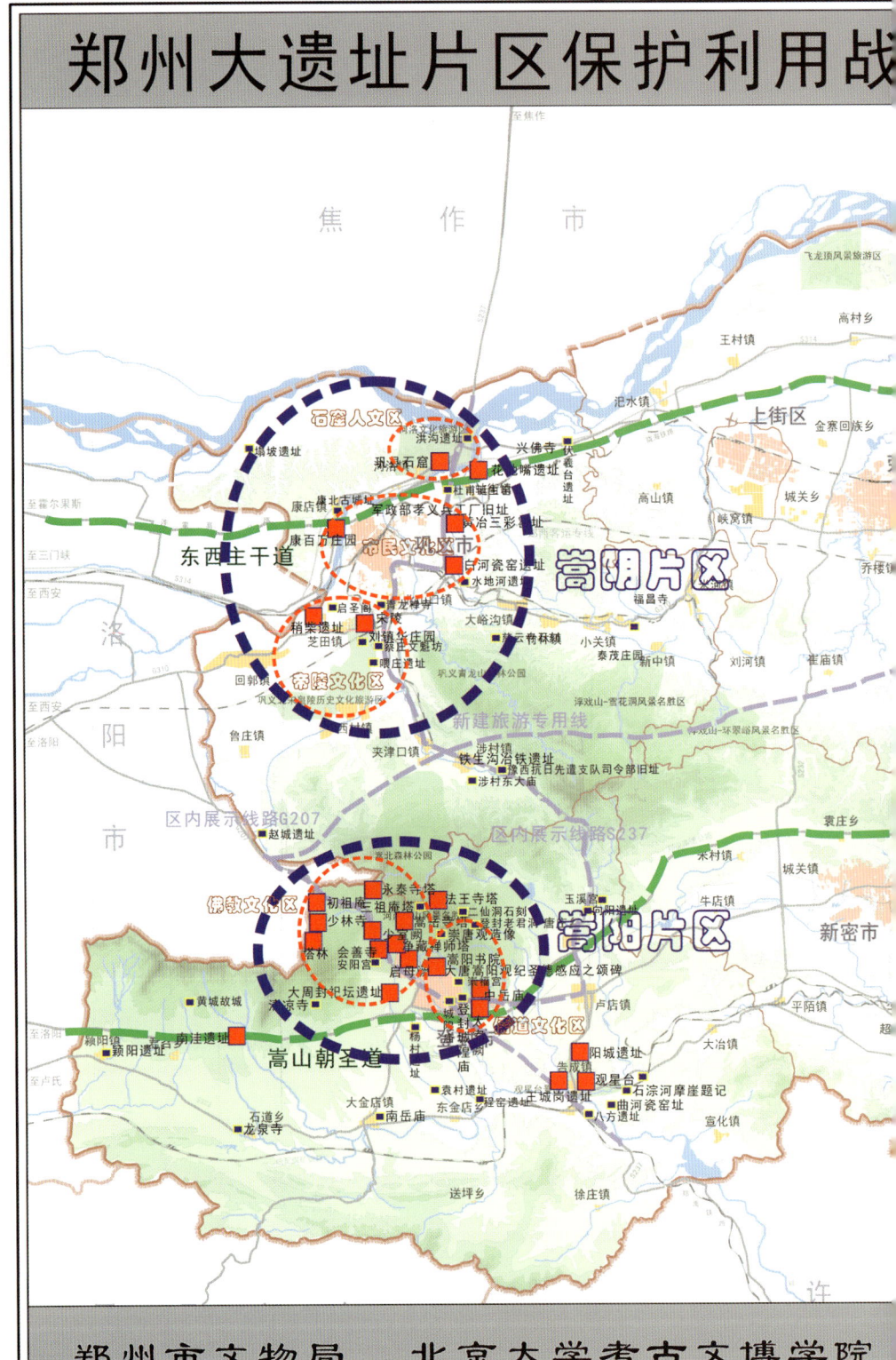

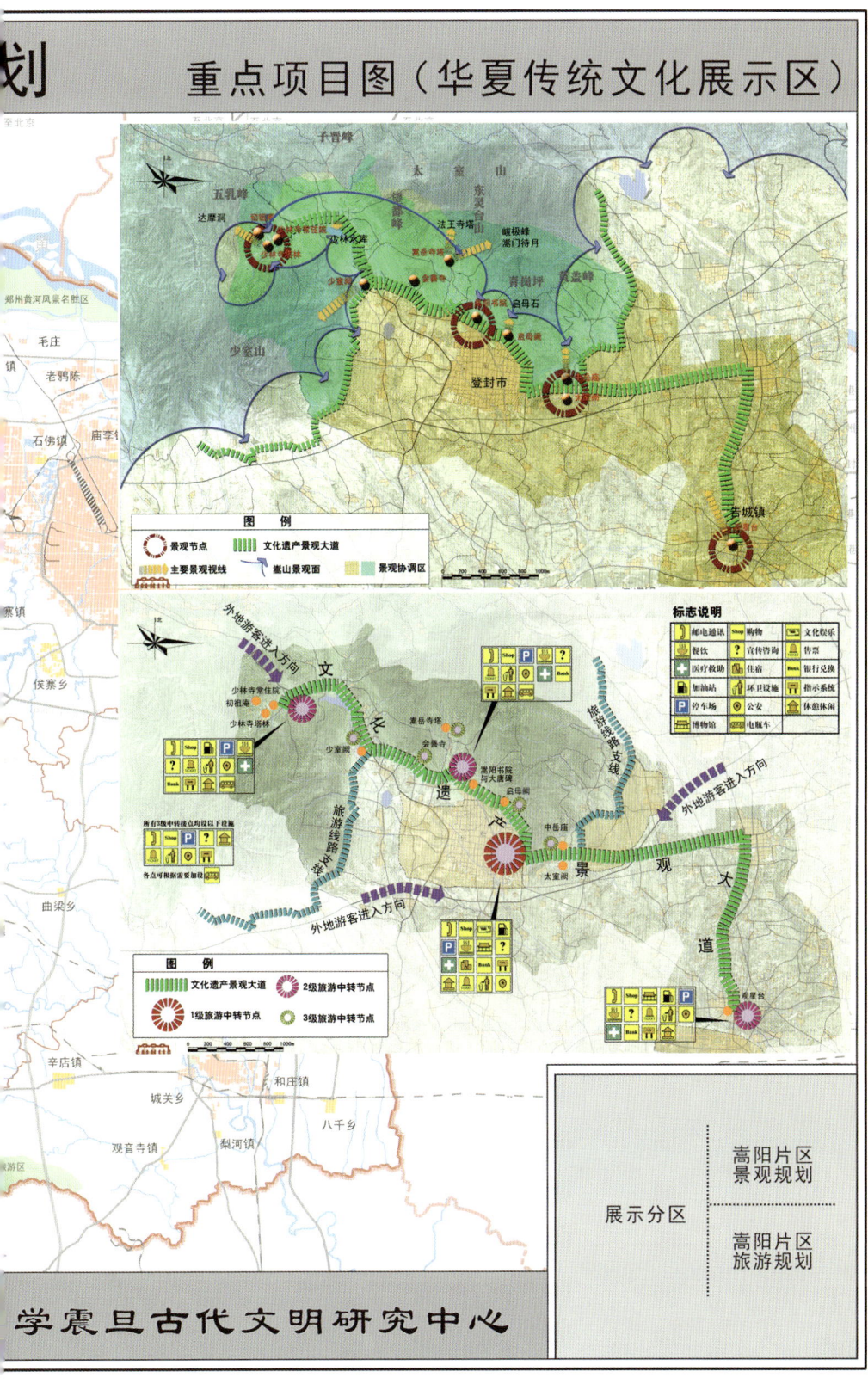

彩版一九

重点项目图（华夏传统文化展示区）

郑州大遗址片区保护利用战

依托观星台的中国天文博物馆

中国天文博物馆的特色陈列应突出以观星台为核心的中国古代天文观测设施，以及这些设施所反映的天文技术、天文观念。

系统梳理、展示中国古代天文遗址、天文文物、天文成就、天文文献和重要人物。

中国天文博物馆要具备国际视野，有计划、分等级地开展中西天文成就的对比展览；通过国际合作的方式与国际知名天文机构、天文博物馆或科技馆建立密切联系。

农耕体验区

传统技艺体验

传统方法耕种

传统作物耕种

传统机械运用

传统机械体验

传统方法加工

郑州市文物局　　北京大学考古文博学院

重点项目图(中国古代天文综合展示区)

开展古代天文观测、重要天文遗址和天文文物的功能性复原研究。

依托观星台的文物建筑资源,发掘其"昼参日影,夜观极星,以正朝夕"作用,通过仪式性的观测活动,向全世界提供农历授时服务

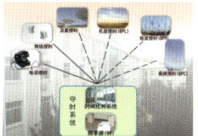

符号化的观测活动课增强海内外华人对中国传统天文文化的认同感,同时提升传统文化的魅力。

依托观星台的中国天文实验考古中心

天文观测体验区

重要天文遗址的复原和重要天文文物的重现,让大亲身天文观测中体验中国古代天文的伟大成就。

中国天文博物馆	天文试验考古中心
观星台	
农耕体验区	天文观测体验区

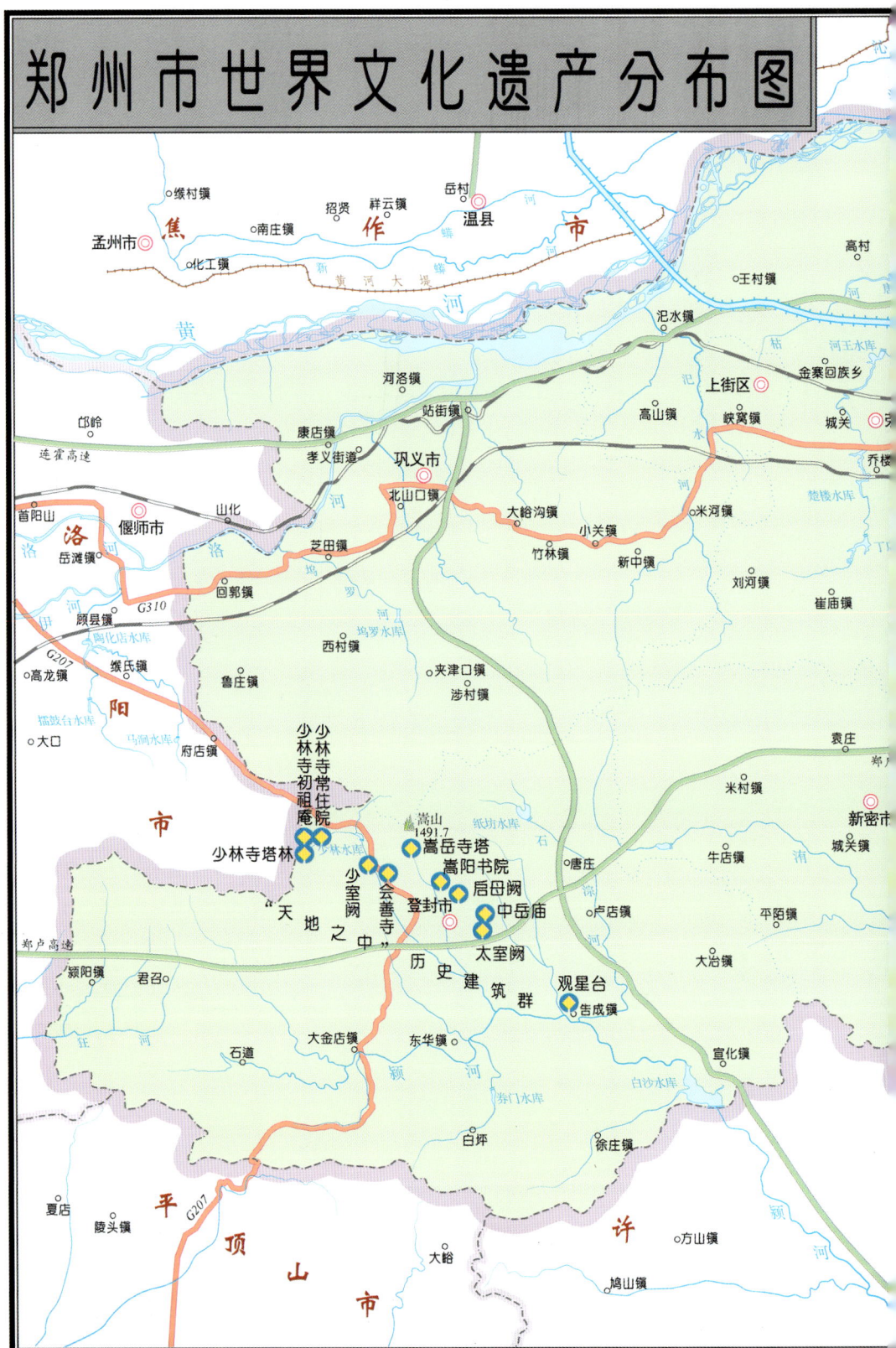

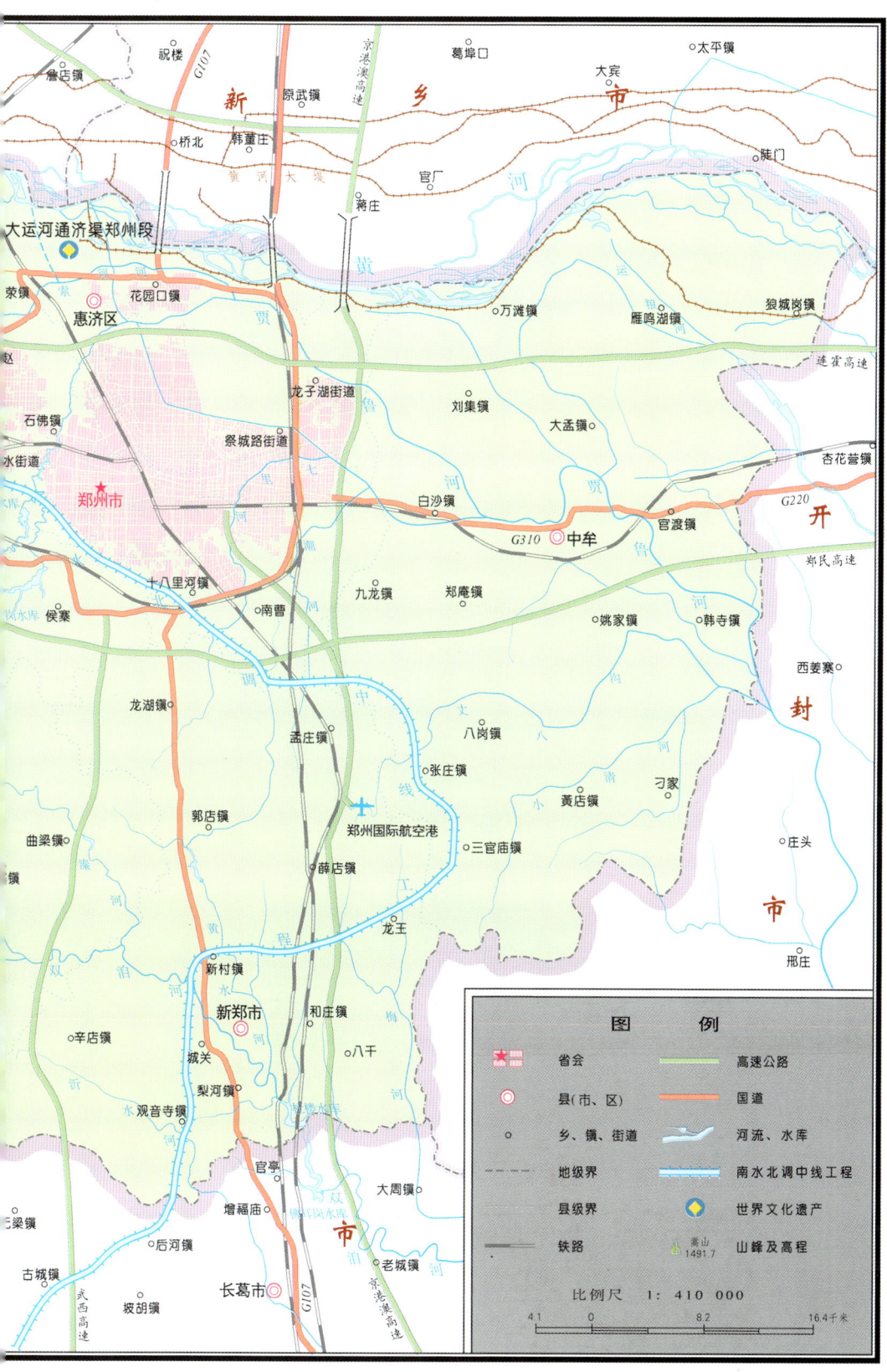

彩版二一

郑州市全国重点文物保护单位分布图

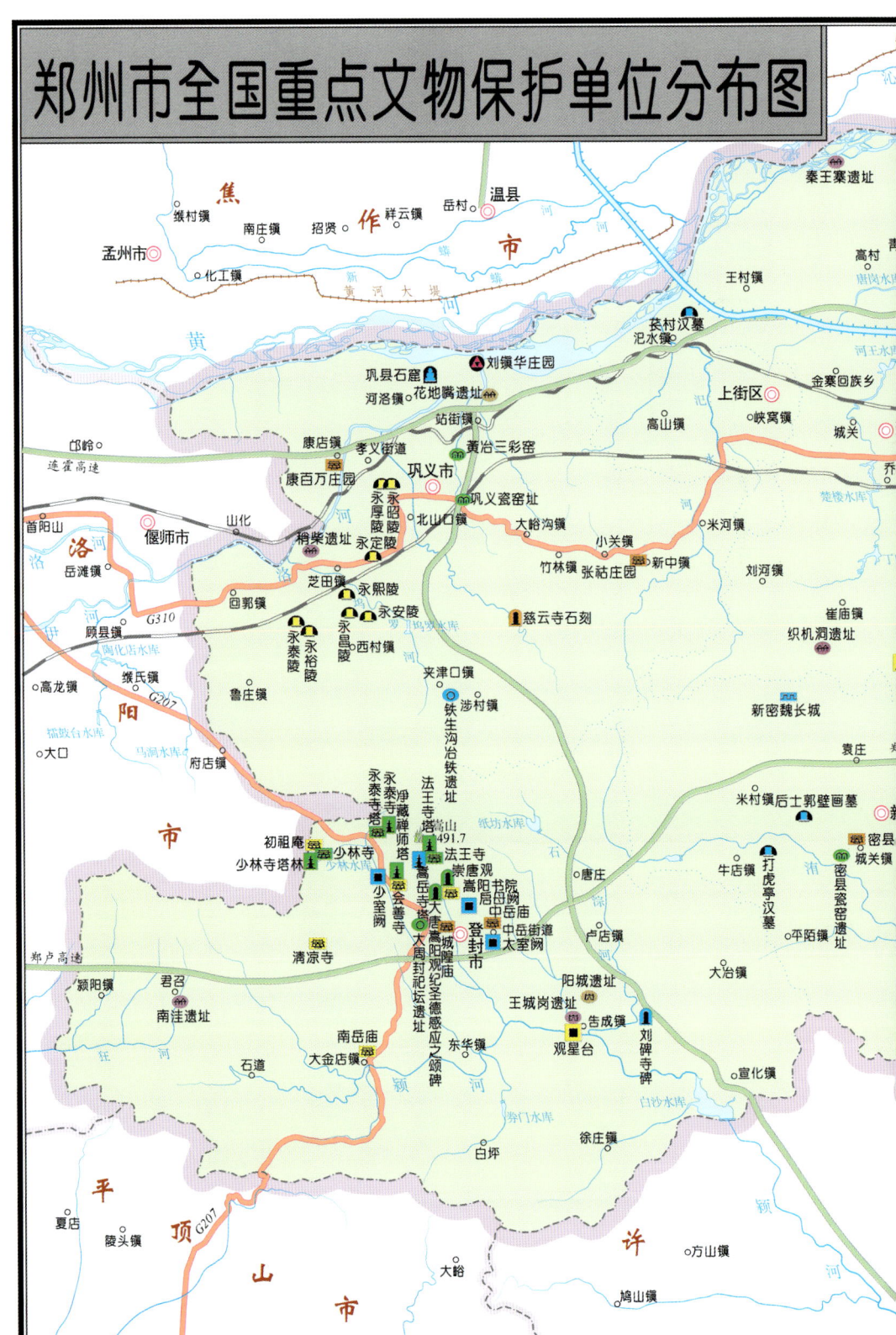

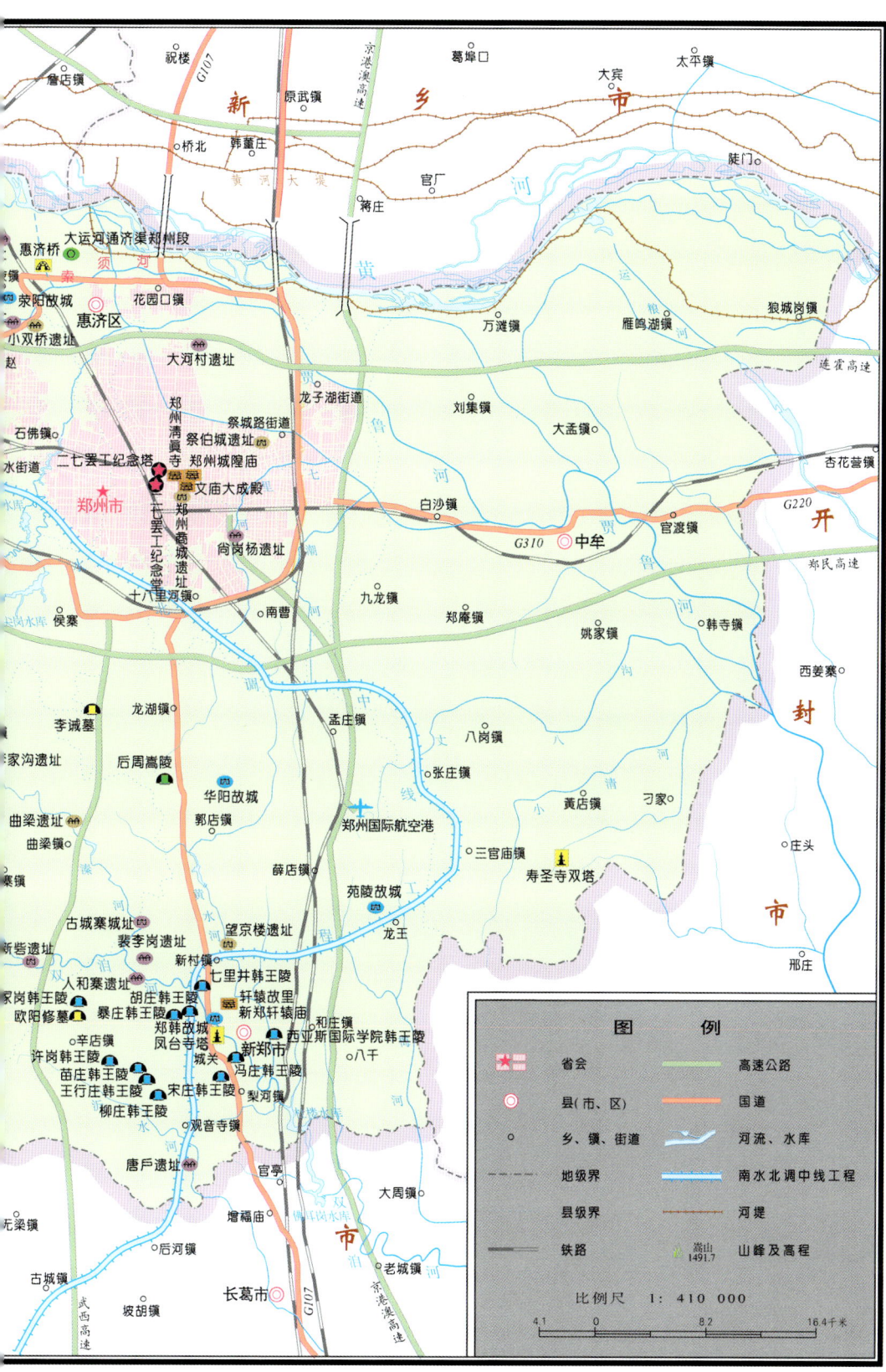

彩版二二

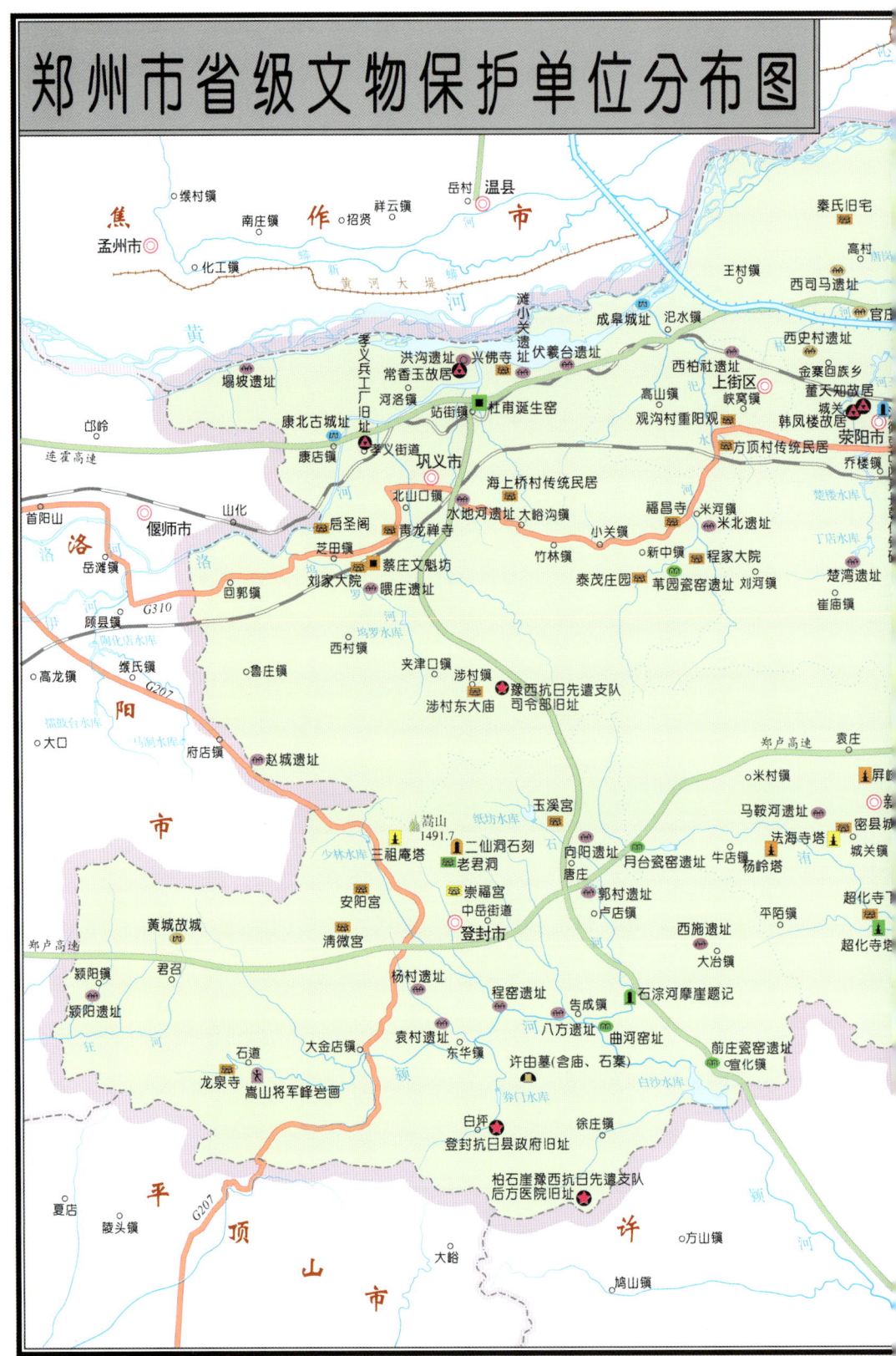

彩版二三

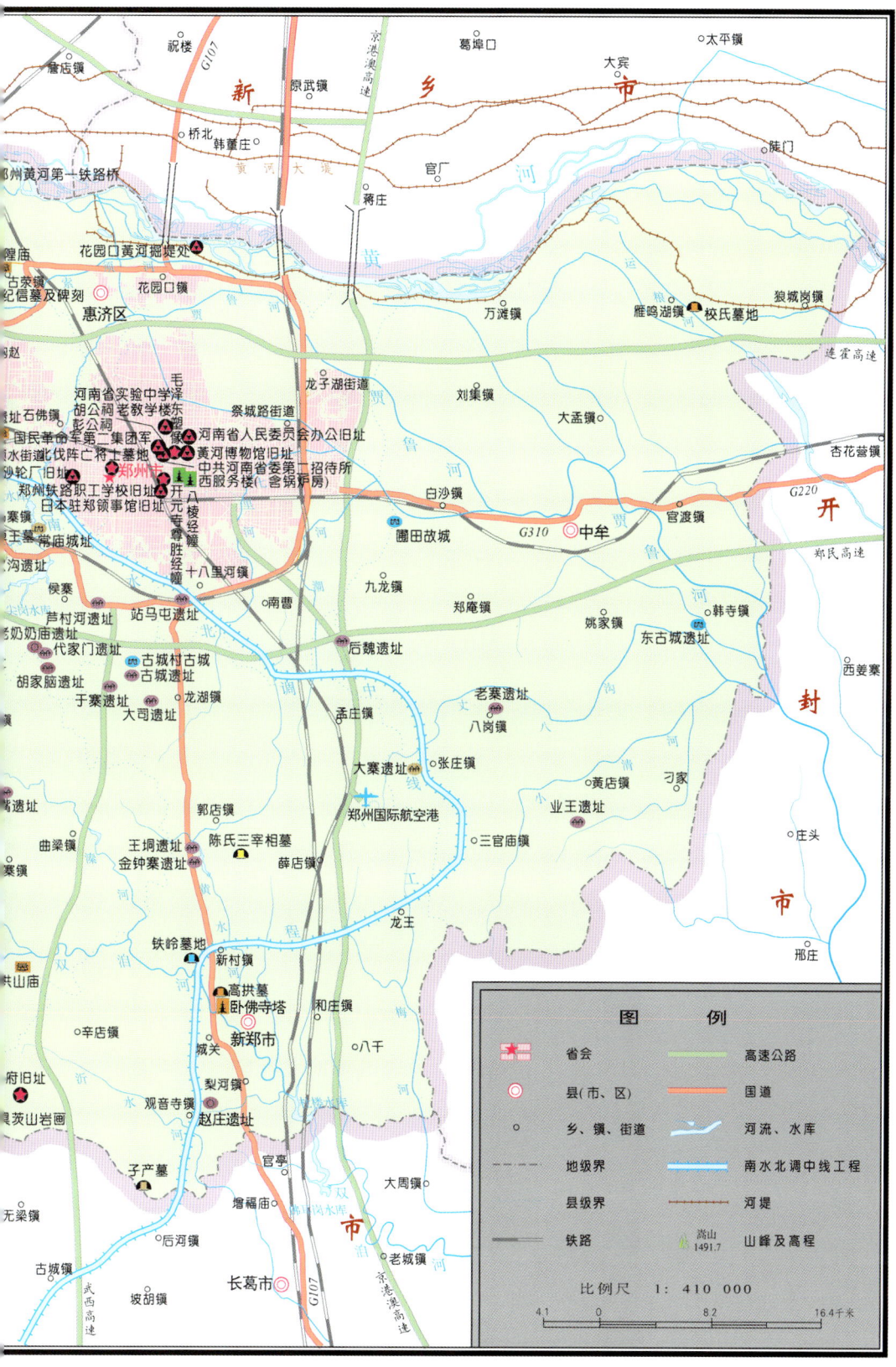

郑州市市级文物保护单位分布图

彩版二四